AF347810

# परिवर्तन

# (पहला वॉल्यूम)

गोपाल पात्र

pencil

ISBN 978-93-5610-707-6
© Gopal Patra 2022
Published in India 2022 by Pencil

*A brand of*
One Point Six Technologies Pvt. Ltd.
123, Building J2, Shram Seva Premises,
Wadala Truck Terminal, Wadala (E)
Mumbai 400037, Maharashtra, INDIA
**E** connect@thepencilapp.com
**W** www.thepencilapp.com

*All rights reserved worldwide*

No part of this publication may be reproduced, stored in or introduced into a retrieval system, or transmitted, in any form, or by any means (electronic, mechanical, photocopying, recording or otherwise), without the prior written permission of the Publisher. Any person who commits an unauthorized act in relation to this publication can be liable to criminal prosecution and civil claims for damages.

DISCLAIMER: *The opinions expressed in this book are those of the authors and do not purport to reflect the views of the Publisher.*

# Author biography

## गोपालपात्र

एक बेदाग कवि-कथाकार का जीवन, युद्ध में लड़ने वाला एक अजेय सैनिक - जिसका हथियार है निडरता और ईमानदारी ... विवरण के लिए Google खोजें या अंग्रेजी में "Gopal Patra" हिंदी में "गोपाल पात्र " बंगाली में लिखें " গোপাল পাত্র সর্চ করने पर सारी जानकारी मिल जाएगी।

डाक का पता:- ग्राम :- भगवतीपुर

 पोस्ट :- चतुर्भुज कटि

थाना :- संकरैल

जिला :- हावड़ा

पिन कोड :- 711313

फोन नंबर :- 9143098660

ईमेल आईडी :- patragopal561@gmail.com

अमेज़न लेखक पेज लिंक:-

https://www.amazon.com/author/www.gopalpatra.com

# CONTENTS

# समर्पण

यह उपन्यास भगवतीपुर के समस्त ग्रामवासियों को समर्पित है...

# प्रस्तावना

समरेश भारी आवाज के साथ वापस संबित के पास पहुंचता है - डेढ़ से दो सौ मीटर के बीच बम फटने की आवाज को समझना मुश्किल नहीं है।

मेन रोड पर अचानक दो-चार बाइकों ने घोर शोर मचाया और भागती नजर आईं! एक-दो लोग गांव की सड़क के किनारे दौड़े।

हल्की कदरानी की आवाज से समरेश के कान भारी हो रहे हैं! उस समय मेरे कानों में भय से मिश्रित एक आवाज आई, तुम कहाँ हो? सुना?

समरेश बस मुँह में चिल्लाया - हुह ...

गृहिणी जोर से शोर से उठी और बिस्तर से उठ बैठी! भयभीत होकर उसने फिर कहा, "जल्दी से बत्ती बुझा दो... लेट जाओ!"

समरेश ने देर नहीं की दरवाज़ा कुंडी दो अच्छी! एक बार बत्ती बुझने पर मैंने सोचा- घर के मुख्य द्वार की चाबी दे दी

गई है? ऐसा लग रहा था जैसे उसने रात का खाना खुद खा लिया हो और सभी गेटों की चाबी दे दी हो - जब सब सो रहे थे तो वह साहित्य का अभ्यास करने के लिए बैठा था ...

यह उसके जूते या बुरी आदतें हो सकती हैं! लेकिन आदत कब तक आसानी से नहीं जाती!

थोड़ी देर देखकर गृहिणी की कोमल फटकार - क्या बात है!
समय-समय पर एक गिलास पानी पिएं ... आप टेबल लैंप को बंद कर सकते हैं - आपको क्या लगता है?

समरेश ने बत्तियाँ बुझाकर बिस्तर ले लिया! पर नींद ही नहीं आ रही.. मन में कितने अजीब ख्याल आ रहे हैं-कुछ सच और कुछ मिली-जुली कल्पना!

इसमें कोई शक नहीं कि इस घटना में कोई गंभीर रूप से घायल हुआ या मारा गया।

सुबह शुरू होगी पुलिस उत्पीड़न-योजना के मुताबिक कुछ लोगों के नाम पर होगा केस! असली गुनहगार मछली की तरह हाथ में गैप लेकर निकलेंगे! कुछ तथाकथित चूना पत्थर पकड़े जाएंगे - और कुछ बेगुनाह लोग बेघर हो जाएंगे ... क्योंकि स्थानीय आम लोगों के कुछ घरों में हर रात पुलिस दर होगी!

आजकल पुलिस भी आम मासूम लोगों के साथ हम्बीतांबी की तरह है!

पूरी न्यायपालिका को पैसे के मानक से दंडित किया जाता है। हत्या-डकैती-धोखाधड़ी-बलात्कार-आज कल की घटना है! सब कुछ सब जानते हैं- लेकिन प्रशासन की आंखों पर पट्टी है- आंखों से भी अंधी...

चोर, ठग, दलाल, धोखेबाज, राजनीतिक गुट ... दलाल, प्रमोटर, आम लोग जो अपने ही गुट के साथ संघर्ष में हैं! साधारण लोगों के पास कुछ भी कहने या करने की शक्ति नहीं है! तो रात के आठ-नौ बजे खाना-पीना सब फाटकों पर चाबियां लेकर सो जाते हैं...!

एकमात्र अपवाद समरेश है - इसलिए जब सब सो रहे हैं - तो समरेश उसकी साध की छोटी मेज है - एक कलम के स्ट्रोक से ड्राइंग ... बहती जीवनी। आज भी वह कोई अपवाद नहीं है!

लेकिन ऐसा कब तक चलेगा? मुझे लगता है कि मेरा आत्म-संदेह पैदा हो गया है - पिछले कुछ महीनों में, कई स्थानीय ग्रामीण पैतृक भूमि से भाग गए हैं! पलायन का अर्थ है भागने के लिए विवश होना - वरना जिंदगी से टेंशन! जेल की चक्की नहीं तो!

लेकिन पहले ऐसा नहीं था लेकिन यह "रूपांतरण" क्यों? लगभग दो दशक पहले एक दिन में गांव के लोगों ने अनजाने में ही बीज बो दिए थे! उसका गवाह है खुद समरेश!

आज से करीब दो दशक पहले, बीसवीं सदी की शुरुआत में... साल 2000- या 2001 या 1999...

गांव का नाम भगवान पुर है - और मूल रूप से भगवान पुर मौजा के चारों ओर एक विशाल "औद्योगिक पार्क" बनाया गया है, यही कारण है कि भारत अब एशिया प्रसिद्ध है!

इस कहानी का मुख्य आधार भगवानपुर की जीवनी है...जिसके सामाजिक-राजनीतिक परिवार-भौगोलिक-प्राकृतिक-सर्वोपरि-मानवीय संबंध कदम दर कदम। एक वास्तविक दस्तावेज़ "" परिवर्तित कर दिया गया है!

# वैधानिक चेतावनी

उपन्यास "परिवर्तन" वयस्कों के लिए है।
कभी सस्पेंस, कभी डर तो कभी आग्नेयास्त्रों का इस्तेमाल कहानी में अलग-अलग प्लॉट बनाने के लिए!

धूम्रपान-शराब-नशीली दवाओं के उपयोग का मुद्दा फिर से उठाया गया है लेकिन "शराब-धूम्रपान या किसी भी दवा का उपयोग स्वास्थ्य के लिए हानिकारक है"!

और अगर इस कहानी के अंतरिक्ष-समय-पात्र-घटनाएं और सभी पात्र काल्पनिक हैं-वास्तविकता से मेल खाते हैं, तो यह पूरी तरह से अनजाने और संयोग है! एक लेखक किसी भी तरह से जिम्मेदार नहीं है....

# अध्याय एक

पूर्व में शाखाखली से हावड़ा रेलवे स्टेशन - पश्चिम में बालुहाटी राष्ट्रीय राजमार्ग 2 से मुंबई तक - लालमती मोरम गाँव के किनारे पक्की सड़क और राष्ट्रीय सड़क और स्टेशन के बीच पुल! उत्तर-दक्षिण में कृषि योग्य खेत... और गंगा नदी से जुड़ी एक बड़ी दलदली कैनिंग या नहर, जो लाल मिट्टी वाली सड़क के किनारे स्थित है! यह भगवानपुर गांव स्टेशन और राष्ट्रीय राजमार्ग के बीच है।

अधिकांश ग्रामीण मध्यम वर्ग या निम्न वर्ग के हैं। चारों ओर आम, ब्लैकबेरी, सुपारी, ताड़ और नारियल के पेड़ बिखरे हुए हैं - गाँव के अधिकांश घर ईंट की दीवारें हैं - टाइलें - बेशक कुछ मिट्टी के घर और फूस के घर भी दिखाई देते हैं - हाल ही में कुछ इमारतें बनाई गई हैं ठोस ....

गांव के बीचोबीच चल रही पक्की सड़क - एक प्राथमिक विद्यालय - उसकी चार कक्षाओं के लिए चार कमरे! कंक्रीट की छत पर पांच इंच ईंट बिछा दी गई है लेकिन अभी तक कोई

छायांकन नहीं किया गया है! गांव में कोई डाकघर नहीं है - एक साल से थोड़ी ज्यादा होगी बिजली!

आइए गांव के प्राकृतिक पर्यावरण के सामाजिक और आर्थिक पहलुओं को देखें - किसी भी समाज या सभ्यता के इतिहास को जानने के लिए, सबसे पहले इसके आर्थिक और सामाजिक पहलुओं को जानना चाहिए "क्योंकि पैसा सभी बुराइयों की जड़ है"।

गांव के ज्यादातर लोग अनुसूचित जाति समुदाय के हैं पूरी तरह से अनपढ़ नहीं होना - अर्ध-शिक्षित या अनपढ़ कहना समझ में आता है ... बैंक की नौकरी में प्राथमिक विद्यालय के कुछ ही मास्टर्स होते हैं - एक होम्योपैथिक डॉक्टर और कुछ अन्य लोग जो कड़ी मेहनत करते हैं!
लेकिन राजनीतिक दलडाली-पार्टी के सट्टे में नैतिक मताबराडेरा की कमी नहीं!

ग्रामीणों की मुख्य आजीविका मुख्य रूप से खेती है - खेती योग्य भूमि का बड़ा क्षेत्र न होने पर भी वह चला जाता है।
चूंकि गंगा से जुड़ी मुख्य नहर को साफ सुथरा रखा जाता है, खेतों में ज्वार-भाटे भरे होते हैं - जिससे सिंचाई के पानी की लागत बचती है - ताकि खेत अपने स्वयं के श्रम और थोड़े खर्च से हरे-भरे हो जाएं! और बरसात के मौसम में भी भारी बारिश

के कारण बाढ़ या फसल खराब होने का डर नहीं रहता है!

नहर होने से ग्रामीणों का एक और विशेष लाभ विभिन्न मौसमों में विभिन्न प्रकार की मछलियाँ और केकड़े हैं! उच्च ज्वार या बरसात के मौसम में जब खेत की नहरें और बील पानी में होते हैं, तो तैतंबुर गाँव के अधिकांश लोग विभिन्न प्रकार के मछली पकड़ने के उपकरण जैसे घने-एटोल विभिन्न मछली पकड़ने के जाल के साथ खेतों-नहरों-बील में मछली पकड़ रहे हैं। मछली के साथ पुरष्ट कहाँ है - बारा-मज़ारी सिंगी - मगर या शोल- शाल मछली और कभी जोटे में...

अधिकांश ग्रामीणों को बाजार से मछली नहीं खरीदनी पड़ती है लेकिन कुछ अतिरिक्त मछलियों को बिक्री के लिए स्टेशन परिसर में मछली याई में भेज दिया जाता है!

नहर होने का विशेष लाभ यह नहीं है कि जब गंगा का साफ खारा पानी आता है और नहर-बिल-खेत-तैतंबुर बन जाता है, तो उस पानी के साथ झींगा मछली की मिंट चली जाती है... फिर उन मछली शॉट्स को किसानों द्वारा रखे गए विभिन्न मछली पकड़ने के गियर में अलग-अलग संख्या में पकड़ा गया! कुछ मिन ट्रेडर्स इन्हें खरीदने के लिए बाहर से आते हैं! गांव के बाहरी इलाके तेमाता रोड पर गुलदार मिनट लेने के लिए व्यापारी बड़े-बड़े गमलों में बैठ जाते हैं.

उन्होंने नए अपहृत किसानों से आठ छोटे पौधे पैसे के रूप में खरीदे हैं, अगर यह थोड़ा बड़ा है! कभी-कभी अपवाद होते हैं, लेकिन कीमत बढ़ जाती है।

किसी के 50 - किसी के 100 किसी के 200- 500 टुकड़े कभी-कभी अधिक हो जाते हैं! सुबह 7 बजे तेमाथा में यह देखने के लिए भीड़ उमड़ती है कि झींगा किसे मिला या और क्या। लड़का - बूढ़ा - मानो गलत समय पर मेला लगा हो!

इस तरह ग्रामीणों की आमदनी का रास्ता आसान हो जाता है और गांव को एक नया क्षितिज मिलता है...

इस संदर्भ में एक घटना के बिना गलदार के बच्चे की कहानी अधूरी होगी। ग्राम समिति लगभग हर साल नियमानुसार नहर में मछली पकड़ने के लिए नीलामी करती है जो व्यक्ति नहर में मछली पकड़ने के लिए सबसे अधिक कीमत चुकाता है उसे एक निर्दिष्ट समय के लिए नहर में जमा किया जाता है!

नहर को इकट्ठा करने वाला व्यक्ति योजना के अनुसार नहर के विभिन्न हिस्सों में मछली पकड़ने के लिए बांस की डंडियों से बना "बार" नामक एक कृत्रिम तटबंध बनाता है और अन्य हुक की मदद से - वह घने-एटोल और अन्य चीजों जैसे मछली

पकड़ने के विभिन्न उपकरण स्थापित करता है। . मछली पकड़ने की पर्याप्त मात्रा! भले ही मछलियां भाग जाएं?

इसका कोई रास्ता नहीं है - क्योंकि एक अजीब तरह का जादू बाड़ पर जाल के साथ बनाया जाता है - ताकि कोई भी मछली जो कूद जाए और बचने का कोई रास्ता न हो, चाहे वह छोटा हो या बड़ा शोल - शॉल - या बछड़ा!

इस क्षेत्र में अनुभव रखने वाले जाने-माने नामों में से एक है श्रीधर बार- उस वर्ष श्रीधर ने बीस हजार रुपये नीलाम कर नहर को जमा कराया... सभी ग्रामीणों की चरकगचा की आंखें सुनकर ! फिर बीस हजार रुपए कम नहीं... तो उस बीस हजार रुपए में जमीन खरीदोगे तो दो बीघा जमीन आसानी से मिल जाएगी! तो उस समय श्रीधर एक मजाक था। कई लोग उसके पीछे अब्दाल से कहने लगे - "किसान के लिए खेती करना और खाना बेहतर है - उसने नहर को बुलाया और नरक में चला गया।" कई लोग मुस्कुराए।

लेकिन हरि मरे को कौन रखता है? और मुर्रे हरि को कौन रखता है? संभवतः यह कहावत श्रीधर के मामले में फलीभूत हुई।

निरंतर संस का वर्ष क्या है - गंगा का पानी थोड़ा और बारिश से बढ़ गया है - बड़ी नहर के माध्यम से पानी मिलना मुश्किल है - जैसे ज्वार को धक्का देना - पानी ऊपर की तरफ बहने लगा! एक छोटी सी बाढ़ थी। सबके तालाब - डूबते चारों ओर पानी की लहरें... जुलूस में पूरे मैदान में मछलियां

श्रीधर का पोया बरो - योजना के अनुसार उसने अजीबोगरीब तरीके से बड़ी नहर में तीन-चार जगह बड़ी बाड़ लगाकर मछली पकड़ना शुरू किया! शोल-शाल-कोई-शिंगी-मगुर पोना-एककेबरे के साथ तालाब की सारी मछलियाँ - रुई-कतला-मृगेल कुछ भी नहीं बचा था! दिन के अंत में, गणना कुछ सोम थी ...

उसके साथ किसी दिन दो हज़ार और किसी दिन पाँच हज़ार झींगा मछली मिन! सिर्फ झींगा ही रोजाना औसतन करीब दो से तीन हजार रुपये कमाती है! यानी एक दिन में करीब पांच हजार रुपये की कुल कमाई!!!

लड़का - यह श्रीधर सबकी पढाई का विषय है ! अगर कुछ दिनों तक ऐसा ही चलता रहा तो बस अगले साल करोड़पति बनो।

बेशक, बहुत सारे महंगे लोग हैं - मछली पकड़ने के गियर

को फैलाने में बहुत सारे लोग लगते हैं - आपको बाजार से नकदी के साथ विभिन्न प्रकार के जाल जाल खरीदने होंगे! गाँव में कुछ ही लोग इस मछली पकड़ने का उपकरण बनाते हैं, लेकिन यह मांग से काफी कम है!

और नहर के बाद नीलामी में भाग लेने वालों ने खेद के स्वर में कहा - ओह, मैंने क्या गलती की - अगर मैं इस साल नहर जमा कर सका !!! फिर कुछ लोग जोश से कहने लगे- "माथे में घी न हो तो क्या होगा?" - माथा किसका!

# अध्याय दो

ग्रामीणों का एक और निर्वाह फिर घर में बस गया है जरूरी काम!अलग-अलग सुई, सूत, रेशम, अलग-अलग तरह के पत्थरों से बनाई गई भव्य साड़ी और सलवार। हालाँकि यह प्रथा काफी समय से चली आ रही है, यह सीमित संख्या में लोगों तक ही सीमित थी - अब यह सार्वजनिक हो गई है!

घर पर सीमित जगह में किया जा सकता है! किसी उपकरण की आवश्यकता नहीं है - गृहिणी का मूल्य बना रहता है!और उसके ऊपर, सप्ताहांत पर कुछ कच्चा पैसा कमा रहा है ...वह कैसे कमा रहा है?

सप्ताह के अंत में किसी भी सप्ताह के अंत में किसी फूलवाले और सहयोगी से कम नहीं बरोशो सहजता से! लेकिन तब पैसा भी कम नहीं है, अब लगभग दो हजार या तीन हजार के बराबर है!

तो घर का बेटा - बूढ़ी पत्नी और बच्चा सभी बड़ी पहल के साथ इस जरूरी काम को करने लगे!

घर-घर का डेक - टेप रिकॉर्डर - एफएम रेडियो पर विभिन्न हिंदी-बांग्ला गाने - और रात जब दिन की तरह रोशनी चमक रही है - रात दस से बारह लोग काम कर रहे हैं - क्योंकि जितना समय आप आय देते हैं - कोई नियम नहीं था मजदूरी बंद करने के लिए! लेकिन समस्या यह है कि यह काम साल भर उपलब्ध नहीं होता है!

और जो लोग कोलकाता के बड़े बाजार की दुकानों से काम लाते थे - वे दूसरे कारीगरों के साथ करते थे, वे सप्ताहांत पर पचास हजार - एक लाख रुपये कमा पाते थे ... कैसे? एक छोटा सा आंकड़ा दें तो बात साफ हो जाएगी!

मान लीजिए आप एक ओस्तागर बाजार से साड़ी के 500 पीस लाते हैं, साड़ी की असली कीमत रु. इसके अलावा, फीता के काम के लिए उपयोग किए जाने वाले सभी कच्चे माल का लाभांश कम नहीं है! सब कुछ ओस्टागरी हैबड़े बाजारों से थोक भाव में खरीदाफुटकर दामों पर सप्लाई करते थे शिल्पकार!जितने अधिक लाभ वाले कारीगर, उतने ही कुछ वर्षों में ओस्तागर फले-फूले - कुछ ही दिनों में उनके महल-सबूत घर - चौपहिया गाड़ियाँ - बहुत सारी जमीन - किराए पर

... सब कुछ हो गया! भगवानपुर में नेपाल माखल एक ऐसा ओस्तगारा है - उसका विशाल घर आज भी मौजूद है!

क्या होगा अगर स्टडी लेट तक बैठ जाए! शाम के समय अलग-अलग गीतों की धुन पढ़ाई में बाधक बन रही है - इसके बिना बच्चों को कच्चा पैसा मिल गया और वे जरूरी काम करने लगे! घर के रखवालों ने भी ध्यान नहीं दिया - चाहे कुछ भी हो, खूब पैसा कमा रहे हैं।

और हाथ में कच्चा पैसा लेकर घर के नौजवान और किशोर थोड़े अराजक हो गए! रविवार को स्थानीय सिनेमाघरों में उमड़ पड़ी भीड़! इसके अलावा, कुछ लोगों को बीड़ी, कुछ सिगरेट, कुछ स्थानीय शराब या अन्य नशीले पदार्थों की लत लग गई!

धीरे-धीरे लड़कों का समूह इस काम का आदी हो गया - उन्होंने अब खेती का काम नहीं किया! गांव में इमरजेंसी काम की कमी होते ही पलायन शुरू हो गया...मुंबई-दिल्ली या गुजरात! साल भर नौकरियां होती हैं - इसलिए किशोर-युवा वहां बहुत सारा कच्चा पैसा कमाते हैं - नशे के जाल में पड़ जाते हैं! क्योंकि शासन करने वाला कोई नहीं है - जिंदगी एक आजाद पंछी की तरह है...लेकिन विभिन्न जाल और गहरे शाफ्ट सबसे अच्छे हैं -कुछ लोगों ने तो लड़की के नशे में बहुत दिनों से गांव की सड़कों पर कदम तक नहीं रखा!

कुछ काले पहलुओं को छोड़कर यह कहा जा सकता है कि उस समय के ग्रामीणों की आर्थिक समृद्धि अच्छी थी! धान से भरा गला - गायों से भरी गाय - न भी हो तो मछली से भरा तालाब।

चावल की खेती - खेत - नहर - बील मछली - अपनी जमीन की सब्जियां - आम - जाम - कटहल - केला - पपीता - अमरूद!उन दिनों और रातों में आपातकालीन काम के लिए कच्चा पैसा बहुत अच्छा खर्च किया जा रहा था!

वह जितना मेहनती होगा, उतना ही अच्छा होगा! इस मौके पर कुछ मेहनती लोगों ने पैसे बचाए और एक लाख या दो लाख रुपये का घर बनाया! कुछ लोगों ने जमीन खरीदी- तो जमीन की कीमत और प्रति तीस-चालीस हजार में कितनी बीघा!

मसलन, श्यामपद मंडल की बात करते हैं - वे तीन भाई हैं - उनके पास आसुरी शक्ति है .. उन्होंने दिन-रात काम किया और दस बीघा और अधिक जमीन खरीदी, वह घर बनाया - और एक हाथ ट्रैक्टर खरीदा! अपने स्वयं के कमल की खेती करने की लागत बहुत अधिक है और वे कुछ ही वर्षों में अन्य लोगों की भूमि पर खेती करके बहुत अमीर हो गए हैं - कहने की जरूरत नहीं है!

अभी तक तो अच्छा है, हलचल में फंसना आसान है... लेकिन आगे क्या हुआ?क्या ऐसा खुशी का दिन हमेशा रहेगा?
जैसा कि कहा जाता है, "कोई भी हमेशा के लिए समान नहीं होता है।"

साथ ही जो लोग गांव के बाहर बड़े-बड़े ओस्तगियों से साड़ी लाकर गांव के दूसरे कारीगरों को बेचते थे, उनकी आमदनी और रोजी-रोटी सप्ताहांत पर दस-बीस हजार से कम नहीं होती- गांव में लोगों की संख्या भी अच्छी थी!

# अध्याय तीन

परिवर्तन की एक कोमल लहर पूरे गाँव और पूरे राज्य में चलती देखी गई! बाईं ओर आकाश के बीच में सूर्य गुप्त रूप से थोड़ा सा है लेकिन यह अनदेखी पश्चिम में गिरना शुरू हो रहा है! रेड पार्टी के कुछ नेता और कार्यकर्ता ग्रीन पार्टी - पुलिस - प्रशासन - कानून व्यवस्था की ओर झुक रहे हैं बदलने लगा है।

ग्रीन पार्टी की जननेत्री - रानंग देही मूर्ति "करेंगे ये मारेंगे"...

एक दो महीने में पंचायत वोट - कुछ महीने पहले खाने-पीने को लेकर भी इसी लय में समझ से बाहर की राजनीति चल रही थी. राम और श्याम से बात करना बंद करो, जादू से मीठा चेहरा देखना बंद करो!

जग्गे में एक तरह का निर्बोध चुनाव हुआ - चुनाव का परिणाम भगवानपुर में देखा गया - इसके दोनों पक्षों पर ग्रीन पार्टी का कब्जा है! एक पुरुष सदस्य एक महिला सदस्य है -

केंदुआ पंचायत के हाथ में और राज्य में कई पंचायत सबुज समारोह!


185 - जूट पुरुष सदस्य सातवां वर और महिला जूट सदस्य 186 की सुषमा मकल! चंद दिनों की खुशी - बारात विजय के बाद माहौल कुछ शांत!


नीली पार्टी की दौलत में सातवां दूल्हा पहले से था पंचायत का सदस्य- ये है तीसरी जीत! क्या यह सातवीं बार है जब वह पंचायत के सिर्फ एक और सदस्य हैं?


कहानी को अच्छी तरह से समझने के लिए एना पर नजर रखनी होगी क्योंकि-एना के हाथ से भगवानपुर गांव में जहरीले पेड़ के बीज लगाए गए थे! सातवां दूल्हा भी इस कहानी का एक स्तंभ है।


इसकी जीवनी से हम सीख सकते हैं कि आस्था के आधार पर लोग कितने ऊँचे मुकाम तक पहुँच सकते हैं। यदि आप फिर से विश्वास खो देते हैं, तो लोग सीवर में गिर सकते हैं और लुढ़क सकते हैं!


साधारण मध्यमवर्गीय पालतू पशु- जिन्हें सातवां वर कहा जा सकता है। पत्नी - दो बच्चों के पिता और एक बेटी! उम्र

लगभग पचास कोटा है!

पुरानी ईंट की गठूनी से बना दो कमरों का घर - इधर-उधर गिर रहा है प्लास्टर - बारिश का पानी छत को छूकर सिर पर गिरता है !

कुछ साल पहले, उन्होंने एक वेल्डिंग कारखाने में श्रमिकों के लिए लेखाकार के रूप में काम किया। शायद सातवीं या आठवीं कक्षा से आगे नहीं गए। हालाँकि, अभी तक इसके समकक्ष भगवानपुर में बुद्धि और सरलता का जन्म नहीं हुआ है!

पहला पंचायत चुनाव जीतने के बाद उन्होंने फैक्ट्री के मजदूरों के लिए अकाउंटेंट की नौकरी छोड़ दी! दल का कार्य - कुछ खेती - रोपण - दलदली जंगल में मछली पकड़ना और इसके साथ ओस्तागर नेपाल मखल के घर में साड़ी का लेखा-जोखा अत्यावश्यक कार्य - कारीगरों के ऋणों को समझाना - शब्दावली में मुनीबजी को क्या कहते हैं... क्या वह भी काम करता है!

और कभी-कभी वह सुबह बाइक से निकल जाता है और शाम को घर लौट आता है! पता नहीं वह कहाँ जाता है या क्या करता है!

वह जो कुछ भी हैं, हमेशा विभिन्न गतिविधियों में डूबे रहते हैं...

धीरे-धीरे उसी लय की प्रतिष्ठा से ख्याति बढ़ती है ! पार्टी के सबसे चमकीले चेहरों में से एक, एक छोटा पंचायत सदस्य भी! कहने की जरूरत नहीं है कि स्थानीय एमएल ने अब तक उनका सम्मान और सम्मान किया है।

इस बार खबर है कि उन्हें क्षेत्र के हितैषी जननेता के रूप में जाना जाता है और उन्होंने बिना किसी झिझक के आसानी से क्षेत्र के मुखिया का पद दूसरों को दे दिया है! यह पार्टी के प्रति वफादारी दिखाने का रवैया है - किसी भी निर्णय को बहुत आसानी से स्वीकार करना और कोई कसर नहीं छोड़ना।

इन सभी विभिन्न कारणों से वे पार्टी की कोर कमेटी या क्षेत्रीय समिति के लिए आवश्यक हो गए और धीरे-धीरे ध्यान का केंद्र बन गए!और लोगों या मतदाताओं के लिए, वह एक अच्छे दोस्त के रूप में जाने जाते हैं - हर समय का कटहल।

चाहे कोई पार्टी कार्यकर्ता हो या कोई ग्रामीण बच्चे को जन्म दे - उसका नामकरण ... कुश्ती परीक्षण ... छठी पूजा प्रणाली फिर जन्म प्रमाण पत्र - भोजन मेनू ... उसका फर्द - रधुनी की व्यवस्था - कितने लोगों का आयोजन किया जाएगा - कौन

करेगा आमंत्रित किया जा सकता है उन्होंने बताया! शादी हो या अंतिम यात्रा में उनका रोल हमेशा एक जैसा होता है!

और सज्जन को खाना पसंद था - समारोह के दिन बस कुछ उपहार - परिवार के साथ समय पर पहुंचे चेहरे पर मुस्कान थी!

धीरे-धीरे उन्हें इतनी प्रतिष्ठा या लोकप्रियता मिली कि सभी लड़के और बूढ़े उन्हें भगवानपुर कहते थे असली आदमी का मतलब है नमार वन ने स्वीकार किया और महसूस किया और महसूस किया! उसके बिना कुछ भी संभव नहीं है।

अभी तक कोई भी सही समाधान नहीं भेज पाया है, जो अजीब नहीं है। मुझे लगता है कि यह अच्छा है, लेकिन भयानक या जहरीले पेड़ का बीज कहाँ है?

थोड़ी देर बाद सपने तोड़ने वाले की तरह तुम भी गलती तोड़ोगे, मैं बाद में आऊंगा!

कहानी में एक स्तंभ का परिचय देते हुए, मुझे लगता है कि कहानी थोड़ी बेकार है ... मैं मासूम हूँ। कहानी पूरी तरह से समझ में नहीं आएगी अगर कहानी के मुख्य पात्रों के जीवन को अंतराल के माध्यम से प्रकट नहीं किया गया है!

असल कहानी में चुनावी दुविधा भले ही दूर हो गई हो, लेकिन इसकी आग की लौ अभी पूरी तरह बुझी नहीं है....

# अध्याय चौथा

आग की राख जो थोड़ा सा ईंधन मिलने पर चिंगारी में बदल जाएगी - कहने की जरूरत नहीं - वह सामान्य है। यह बहुत छोटी घटना से शुरू हुई थी। छह महीने होंगे ...

हालाँकि समरेश अपने पारिवारिक जीवन के विभिन्न दबावों के कारण ग्रीन पार्टी के एक समर्पित कार्यकर्ता हैं, उन्होंने पार्टी के काम की थोड़ी उपेक्षा की है - समय की कमी के कारण क्या होता है ...

ऐसी ही एक बैठक पट्टी क्लब परिसर में हुई... विषय सेन के घर और दूल्हे के घर पारिस्थितिकी तंत्र की सीमाओं को बसाने के लिए! तत्काल काम के दबाव के कारण समरेश उपस्थित नहीं हो सके!

जहां पर्यावरण की समस्या हो, वहां रेड पार्टी ज्यादा-ग्रीन पार्टी से कम हो- इसके अलावा दूल्हे का परिवार काफी बड़ा होता है- ग्रीन हाउस यानी सेन परिवार छोटा होता है! तो मौके को

भांपते हुए दूल्हे के परिवार ने सेन परिवार की सरहद के पास किचन, बेडरूम या नल लगवा लिया- और क्या!..

आइए एक नजर डालते हैं कि उस दिन क्या हुआ था।

फिर क्या समय है?

दस-तीस ... अचानक मैंने बहुत सारे लोगों को एक साथ चिल्लाते हुए सुना, इसलिए मैंने उठकर खाने का फैसला किया!

मैंने बड़े-बड़े फोटोज के मकसद से कहा- क्या दिक्कत थी?

बिग दा बोले- लगता है फिर से किसी के घर में आग लगी है...

मेजदा और मैं बाहर जाएंगे ... हम दोनों भाई घर के सामने गली में निकले थे।

मेरे मन में कोई संदेह नहीं था कि आज एक बैठक थी जब मैंने देखा कि कुछ लोग एक-दूसरे को घूंसा मार रहे हैं और कुछ लोग लाठी लेकर चल रहे हैं।

लेकिन बड़ों को कौन बचाए कि हम ग्रीन पार्टी के सक्रिय कार्यकर्ता हैं- हमारा घर रेड पार्टी के अंदर है...

तो मैं अपने दादा के पीछे दौड़ा और उन्हें लेने गया - इसमें कोई शक नहीं तो क्या हुआ? और क्या होने वाला है.. घटना का संक्षिप्त विवरण देकर लाल पट्टी की सारी

कमियों को जगाने का प्रयास कर रहे हैं हरहर पात्र! कई लाठी-बांस-फावड़ियों से बने होते हैं- एक पल के लिए भी यहाँ नहीं रुकते... बोलते-बोलते मेरा गला काँप उठा - किसी तरह मैं अपने दादाजी को घर घसीट कर किसी तरह तीन भाइयों के साथ एक कमरे में घुसा और दरवाज़ा बंद कर दिया!

और घर के सभी लोग घंटों गिनने लगे जब बदमाशों ने आकर हमें पीटा या दरवाजा तोड़ दिया या घर लूट लिया...

वह तब भी डंक मारता है जब वह उस दिन के बारे में सोचता है - उसके चारों ओर सभी राक्षसी मस्ती, उसे बचाओ, उसे बचाओ, उसे बचाओ - उसे परवाह नहीं है कि उसके कानों में किस तरह की आवाज आ रही है - वह किसी को पीट रहा है या दरवाजा तोड़ रहा है घर - या वह लूट रहा है ... इसमें तो कोई शक ही नहीं है।

इस तरह रात ढाई बजे तक लुढ़क गई!

हमें नहीं पता था कि कौन हार गया, जब शोर इतना कम था कि चारों ओर सन्नाटा था।  युद्ध को तब रुकने दो! किसी अज्ञात कारण से हमारे घर पर उपद्रवियों ने आक्रमण नहीं किया, यही सौभाग्य है!

मैं सोच ही रहा था कि अब क्या करूं, दरवाजे पर दस्तक हुई, एक महिला की आवाज धीरे से मेरा नाम पुकार रही थी...

भय से मिश्रित स्वर में किसने पूछा? जवाब है कि मैं तुम्हारी सास हूँ? मैंने चुपचाप दरवाज़ा खोला!

जैसे ही सास ने घर में प्रवेश किया, उसने जो कुछ हुआ था उसका संक्षिप्त विवरण दिया। और "नीरा" तेरे बारे में सोचकर रात भर रोती रही... लेकिन खबर पाने का कोई उपाय नहीं है इसलिए मैं खबर को थोड़ा कम पाने के लिए दौड़ पड़ा!

बाबू, इस मोहल्ले में मत रहो और भाग जाओ, अगर तुम हमारे घर नहीं आए, तो वे तुम्हें खोज लेंगे तो तुम्हें मार डालेंगे! हरी पट्टी क्षेत्र में मेरे ससुर का घर और पड़ोस और पत्नी - नीरा बीमारी के कारण कुछ समय के लिए मेरे पिता के घर गई थी इसलिए यह चिंता का विषय है!

मां-दादाजी ने कहा तुम कर लो- मुसीबत दोबारा शुरू हुई तो जिंदा रहने की जिम्मेदारी होगी! मैंने अपनी सास को जाने के लिए कहा था। मैं बाद में वापस आऊंगी।

सास बड़े संतोष के साथ चुपके से निकल गई और निर्देश दिया कि कहाँ जाना है और कैसे जाना है! जब से आया है सुलुक की तलाश में आया है !

मैंने और देर नहीं की। मेरी पत्नी की डिलीवरी के लिए मेरे पास कुछ पैसे लंबे समय से बचाए हुए थे। मैं इसे अपने साथ ले गया। और शर्ट पर शर्ट और पैंट पर लुंगी की नीलामी के तुरंत बाद! मुझे नहीं पता कि घर कब लौटना है? सभी को अलविदा कहते हुए मैं चुपचाप अनजान के लिए निकल पड़ा।

# अध्याय पांच

समरेश के अतीत के बारे में कुछ बातों का उल्लेख न करना अफ़सोस की बात होगी - इसलिए इस कहानी का अवतार ... इसके अलावा, समरेश इस उपन्यास या कहानी का मुख्य नायक है।

समरेश के माता-पिता और चाचा जीवन भर लाल पार्टी के सक्रिय सदस्य रहे और उन्हें लाल पार्टी से बेरोजगारी भत्ता या कृषि भत्ता मिला। समरेश के पिता की समय से पहले मृत्यु हो गई। व्यवस्था नहीं है - लगभग किसी को परवाह नहीं है - इसलिए यह समझना मुश्किल नहीं है कि वे भत्ता या पेंशन नहीं देना चाहते!

इस भत्ते की राशि क्या है? दो सौ ढाई सौ महीने, लेकिन वह बहुत समय पहले है। इसके अलावा, फिर तीन भाई नाबालिग हैं। तब समरेश कितने साल का होगा? पैसे देने में क्या फायदा होता - और क्या...

कई प्रयास विफल हो जाते हैं जब चरित्र! फिर मजबूर होकर ग्रीन पार्टी के पंचायत सदस्य को सरनपना जाना पड़ा। और तब से, समरेश सातवें दूल्हे के साथ विभिन्न गतिविधियों में घनिष्ठ हो गया - और धीरे-धीरे ग्रीन पार्टी का सक्रिय सदस्य बन गया!

समरेश की पढ़ाई हमेशा अच्छे स्कूल में पहले या दूसरे नंबर पर होती है! इसके अलावा, वह बहुत अच्छे चित्र बनाता है - और तब से वह तुकबंदी या कविताएँ लिख रहा है। ऐसे मेधावी छात्र को कोई पार्टी नहीं लेगी?

उनकी उम्र बत्तीस साल की रही होगी, लेकिन उन्हें उस समय राजनीति की समझ नहीं थी, लेकिन उन्हें धीरे-धीरे एहसास हुआ... कोई भी राजनीतिक दल बुरा नहीं है - एक पार्टी से ही जनहित में काम करना संभव है! इस रवैये से पार्टी के सारे काम कम हो सकते थे! इसलिए पार्टी में सभी के पास लव पॉट था! इसके अलावा समरेश के चचेरे भाई भी सातवें दूल्हे के लिए स्नेह का एक स्रोत है ... वह समय-समय पर समरेश को बुलाता था और वह वह काम करता था - यानी पार्टी को पत्र लिखना - बिल बांटना, आदि।

पढ़ाई के दौरान जितना हो सके समरेश करते थे! इसके अलावा, कुछ अभिभावकों ने कहा कि एक राजनीतिक नेता के

बिना वर्तमान में कोई सुधार नहीं होगा, इसलिए कुछ भी हो तो उस पर कायम रहें!

तब समरेश को पतन के उतार-चढ़ाव की इतनी समझ नहीं थी, काम करने की खुशी के साथ काम कर सकते थे! इसके अलावा सातवें दूल्हे के बेटे-बेटी के बारे में भतीजे और भतीजी मम्मा के मोहित श्रोता - एक शब्द में, मामा अज्ञानी हैं! इसलिए मैं समय-समय पर अपने चाचा-भतीजे के साथ चाय, पानी और खाने को लेकर गपशप करता था। इस तरह धीरे-धीरे सातवें दूल्हे और समरेश के बीच घनिष्ठता विकसित हुई!

यह तो गुजरे जमाने की बात है.
समरेश जब अनजान रास्ते पर घर से निकला तो क्या हुआ? आइए सुनते हैं समरेश के ही मुंह से -

मैं अपनी सास के कहने पर बहुत सावधानी से एक जगह पहुँची! मेरा मतलब है गांव के अंत में खाली खेत फिर एक सुनसान घर। मैंने देखा कि मेरी पत्नी नीरा भी ससुर के घर में अन्य लोगों के साथ है, मैं उससे पहले मिला था।

उसने नरम स्वर में कहा - जब दंगे शुरू हुए तो हम सब घर से निकल गए - फिर क्या हुआ मैं आपको बताऊंगा ... अपने ही शब्दों से दूर - मैं और मेरी माँ यह सोचकर तुरंत

निकल गए कि मेरे गर्भ में एक बच्चा है - अच्छा किया - अच्छा तुमने किया मैं कम चिंतित नहीं था कि आप गर्भवती हैं!लेकिन भगवान की असीम दया है कि हम अभी भी बरकरार हैं! और मैंने देखा कि मेरे पिता का घर नहीं तोड़ा गया... लेकिन मैं यह नहीं कह सकता कि क्या लूटा गया!

नीरा ने कहा कि तुम उस घर से आए हो?

हाँ अल जो मुझे बहुत बकवास लगता है, ऐसा लगता है कि बीटी मेरे लिए भी नहीं है।

ठीक है, तुम यहीं रहो! मैं थोड़ा मुड़ता हूँ... अच्छा क्या आप बता सकते हैं कि पार्टी का कौन सा पक्ष है या सातवें दा का है?

नीरा ने मैदान के किनारे की ओर इशारा किया।
मैदान में थोड़ा आगे जाने पर मैंने देखा कि पूरे पचास सौ लोग अलग-अलग मुद्रा में बैठे हैं - जिसमें सातवां दूल्हा भी शामिल है! लेकिन किसी के मुंह में एक भी शब्द नहीं है!

भोर की रौशनी अभी चमकने लगी है.. फर्श पर बैठे लोगों को देखने में मुझे मुश्किल हो रही थी - किसी का माथा सूज गया था और उसका सिर फट गया था - किसी का शरीर कट गया था और खून काला हो गया था! सारी रात जागना और हर कोई

चिंता से भीग रहा है!

जैसे ही उसने मुझे देखा, उसने मुझे सातवें दिन में जाने का इशारा किया।

उन्होंने भय से मिश्रित स्वर में कुछ देर के लिए संक्षिप्त विवरण दिया....

जिसने, वीडियो को रातों-रात सनसनी बना दिया। सभा अच्छी थी - कुछ लोग नशे में थे और उनके प्रलोभन में सेन को संपत्ति की वसूली के लिए घर जाने के लिए मजबूर होना पड़ा।

लोगों ने बिखरे स्वर में कहा कि वे जो चाहें करेंगे, क्योंकि वे सत्ता में हैं! चलो आज ज़बर्दस्ती करते हैं! सेन कुल पच्चीस लोगों के साथ घर गया! इसके विपरीत दूल्हे के परिवार को लगा कि ग्रीन पार्टी के लोग उनके घर पर हमला करने आ रहे हैं - इसलिए उन्होंने रेड पार्टी के कार्यकर्ताओं को रैली की और उपस्थित सभी लोगों को पीटा...

किसी तरह वह वहां से भागा और मैदान में आकर अपनी जान बचाई! और नेताओं को भागता देख ग्रीन पार्टी के सभी कार्यकर्ता घर से निकल कर मैदान में जमा हो गए! उस मौके पर रेड पार्टी के बदमाशों ने ग्रीन पार्टी के सभी टाइल वाले घरों

को तोड़ डाला और बिना किसी रोक-टोक के लूटपाट करने लगे. लेकिन मरने वालों की संख्या बहुत कम है! इसका मतलब है कि जो सेन के घर पर मौजूद थे उन्हें एक दो बार ही पीटा गया था!

उसने मेरे मुंह से रात का अनुभव सुना और कहा कि तुमने अच्छा किया और चला गया - देखते हैं क्या किया जा सकता है!

मैंने हैरानी से कहा, उनका मतलब घायलों को अस्पताल ले जाना है?

हाँ, यह गर्म होना चाहिए, लेकिन इसे कौन प्राप्त करता है? मैंने कुछ लोगों के नाम सोचे और बोले - अच्छा फिर मिलते हैं...

मैंने फिर कहा, एमएल, ए-बलराम, सदर या स्वरूप भट्टाचार्य को किसने बुलाया?

उन्होंने कहा कि मुझे समय कहां से मिला? आपको वहां से नेपाल में कॉल करना है! चलिए देखते हैं क्या होता है! उस समय लोगों के पास अब की तरह मोबाइल फोन नहीं हुआ करते थे! कुछ बी, एस, एन, एल लैंड लाइन गांव में घुस गई है!

कुछ देर बाद मैं बीमार लोगों को कुछ अन्य गांवों के पार्टी कार्यकर्ताओं के साथ अस्पताल ले गया। कुछ लोगों को प्राथमिक उपचार के बाद छोड़ दिया गया - जिन्होंने दो-चार लोगों को भर्ती किया! और डा. बाबू ने अपने बयानों के साथ कुछ लोगों के नाम मुकदमा दर्ज कराया!

जब मैं गांव आया तो मैंने सुना कि न तो विधायक और न ही जिला परिषद सदस्य को स्थानीय थाने में किसी मामले या प्राथमिकी की जानकारी है. बारह बज चुके थे।

इस बीच रेड पार्टी के नेता ने मामले को ग्रीन पार्टी के लोगों के नाम पर अलग-अलग वर्गों में व्यवस्थित किया है.

यदि कानून की धारा ऐसे हजारों अपराध करती है और पहले मामला दर्ज करती है, तो वे बिना किसी अपराध के प्रतिवादी होंगे। उसके बाद भी वे सत्तासीन सीट पर हैं।

केंदुआ पंचायत मुखिया आया है लेकिन वह टालमटोल कर रहा है, लोग थाने नहीं जा रहे हैं...उसे कौन ले जाएगा, मामला किसके नाम पर है? अगर आपके बाल हैं, तो यह गैप को तुरंत भर देगा!

सैकड़ों लोग इकड्ठा हो रहे हैं जिनके घर टूट गए हैं और सभी उत्साहित युवा इसे फिर से समझ रहे हैं और यह एक गड़बड़ है!

दोपहर के डेढ़ बजे होंगे विधायक शशि सदर साहब आए हैं. सारी अफवाहें सुनने के बाद वह पार्टी प्रमुख और पार्टी के कुछ अन्य कार्यकर्ताओं के साथ डायरी लिखने थाने गए।
उस दिन दोपहर के समय ग्रीन पार्टी के कार्यकर्ताओं के घर में घड़ा नहीं उठा!

घर की पत्नी को छोड़ लगभग सभी पुरुष खेत में जमा हो गए हैं। अभी तक किसी ने नहाया नहीं - कल रात से कइयों ने खाना भी नहीं खाया...

भूखे लोगों को देखकर किसी ने 500 रुपये खाना खरीदने के लिए दे दिए! दो या चार और लोगों से 50/100 रुपये लेकर - क्या किया जा सकता है - क्या खरीदा जा सकता है - कहाँ या क्यों जाना है क्योंकि पड़ोस में अधिकांश किराने की दुकानों में तोड़फोड़ की गई है - लूटपाट की गई है! तो अगले गांव में एक किराने की दुकान से, मैंने कागज के एक टुकड़े पर डेढ़ शो थोंगा खरीदा - तीन टका मुरी - दो चुनचुर - उन सभी को एक थोंगा दिया गया -

भूखे लोग आनन्दित होते हैं - उन्होंने गोगरे में सूखा आंवला पिया और सामने की सरकारी ट्यूब से पानी पिया।

लड़का, पत्नी, जितना हो सके पूल में जाओ, जो भी हो, सूखा खाना खाओ और पानी पी लो!

दोपहर में, दोपहर में, दोपहर में, शाम में, शाम में, अँधेरे में, सन्नाटे में, सन्नाटे में।

कुछ लोगों की शक्की निगाह कुछ लोगों की गपशप-गपशप-फास चारों तरफ अजीब और भयानक माहौल है! करीब एक दो परिवार बेघर हैं... अब कहां गुजारें रात? कहाँ होगा? कहां जाएगी यह मुश्किल घड़ी?

# अध्याय छह

जल्द ही पुलिस की कार्रवाई शुरू हो जाएगी।

उसी समय अँधेरे से सन्नाटा टूट गया और चीख-पुकार सुनाई दी - पुलिस...

वह जहाँ कहीं भी भाग सकता था, भाग गया ... गाँव लगभग पुरुषहीन हो गया! कुछ लड़कियां ही जमीन पर पड़ी थीं....

हममें से कुछ लोगों ने लाल मिट्टी वाली सड़क के किनारे नहर में बने बांस के पुल को पार किया - पानी और कीचड़ को रौंदकर किनारे पर चढ़ गए। वहाँ से मैंने देखा कि कुछ पुलिस वैन गाँव और बाहर सड़क पर गश्त कर रही हैं! किसी तेज टॉर्च की रोशनी ने मेरी आंख पकड़ ली! लोगों को तितर-बितर करती दिख रही पुलिस व्यवस्था! ताकि दोनों पक्ष नए झंझट में न पड़ें...

कुछ देर ऐसे ही चलने के बाद मैंने देखा कि पुलिस की जीपें जा रही थीं... रात गहरी होती जा रही थी - पुलिस फिर आ

सकती थी - तो बिना आदमियों के सारा गाँव! चंद बिजली के बल्बों की रोशनी आपके दिमाग में मंद दीये की तरह चमक उठी!

ये है शुरुआत... दोनों तरफ से थी अफवाह- पुलिस ने नहीं बताया किसके नाम पर है केस! इसलिए सभी को रात बाहर बितानी पड़ती है, खासकर पुरुषों को! किसी पार्टी कार्यकर्ता को पुलिस नहीं पकड़ सकती! अगर पकड़ा गया, तो वह खतरे में पड़ जाएगा और बड़े खतरे में पड़ जाएगा!

काम ठप हो गया - जिनके पास दूसरी जगहों पर जाने की जगह थी, वे अपने बेटे और पत्नी के साथ अपने रिश्तेदारों के घर चले गए! मैं और क्या करुं? मेरे सगे-संबंधी कहते हैं कि मेरे ससुर का घर भी गांव में है, साथ ही नेतृत्व भी है।खतरे के दिन उन्हें कैसे छोड़ा जाए?

इसलिए मैं गांव में ही रहा। मैं कहता हूँ बूढ़े लड़के घर पर नहीं हैं - मुझे नहीं पता कि वे कहाँ हैं!

आप अभी घर से बाहर हैं पापा, यहाँ मत रहो! बातें सुनकर मैं कुछ सामान और जरूरी सामान लेकर घर से निकली! ससुर कभी-कभी अपनी पत्नी से घर पर मिलते हैं.... भाग्य में क्या है यह देखने के लिए और क्या किया जा सकता है!

कभी-कभी पार्टी कोर कमेटी की बैठकें गुप्त रूप से आयोजित की जाती हैं जहाँ पता चलता है कि कुछ चंदा पार्टी फंड में जमा किया गया है! उदय संघ क्लब में लकी लॉटरी कूपन प्रतियोगिता का आयोजन किया गया। इसमें से पचास हजार रुपए ले लिए गए हैं। कुछ लोगों की मदद करने के लिए ... ट्रिपल खरीदने के लिए और फिर से अगर आप खाली हाथों से नहीं लड़ सकते हैं तो कुछ हथियार या गोला-बारूद खरीद लें ... उदय संघ क्लब पार्टी के वफादार सदस्यों से बना था इसलिए किसी ने आपत्ति नहीं की!

शब्द हैं - किसी की हार तो किसी की पौष मास...

इसलिए - पार्टी के कुछ स्वार्थी नेताओं ने पैसे हड़प लिए और सब कुछ खरीदने की जिम्मेदारी ले ली! और क्या खरीदा जा रहा है या क्यों खरीदा जा रहा है - अब सभी को भुगतान नहीं किया जा सकता है! इसलिए उन्होंने पैसे लूट लिए। और यह उन लोगों की राजनीति है जो जंगल में रात बिता रहे हैं।

उस दिन से मैं धीरे-धीरे समझने लगा! मैंने सब कुछ न समझने का नाटक किया - क्योंकि खतरे के समय में, आपस में असहमति बिल्कुल नहीं होनी चाहिए! विपरीत होने में कितना समय लगता है?

कुछ दिन ऐसे बीत गए - आषाढ़ के महीने के बीच में लेकिन कुछ दिन बारिश होती है और कुछ दिन बारिश नहीं होती है, अब बारिश कुछ कम लगती है! कहीं और बरसात हो तो सिर पर गांठ बांधकर बांधना पड़ता है और अगर बारिश नहीं होती है तो नेपाल मकल के तट पर या कहीं और खुले आसमान के नीचे रात बितानी पड़ती है!

सातवां दूल्हा और उसका सबसे बड़ा बेटा हमारे साथ हैं - मेरा उद्देश्य सातवां दा बनना है।  जब हम इस पर होते हैं, तो पार्टी के लोग थोड़ा बेहतर सोते हैं ...


तो 7वें दार का ज्येष्ठ पुत्र मेरे और 7वें दार के बीच सोता है और 7वां डार नहीं तो कभी-कभी मैं पुलिस की पहरेदारी के लिए बारी-बारी से लेता हूं... भगवान को जानने में कितने दिन लगेंगे?

# अध्याय सात

लगभग हर दिन अलग-अलग समय पर पुलिस रेट और गिरफ्तारी करती है लेकिन अभी तक कोई पकड़ा नहीं गया है! इस बीच दोनों पार्टियों का शीर्ष नेतृत्व तसल्ली के साथ घूम रहा है - कुछ चंदा दे रहा है... यह चंदा कितना है चंद लोगों के अलावा कोई नहीं जानता!

पहली पंक्ति के दैनिक समाचार पत्र हैं भगदड़ की तरह फैलाई जा रही खबरों के झूले में भगवानपुर की कहानी लगभग प्रदेश के सभी लोगों को पता चल गई है!

मेरे पास हाल ही में नौकरी है यह क्या है? गुप्त सूत्रों से खबर मिली है कि मेरे नाम पर कोई केस नहीं है, सिर्फ आरोप हैं! तो मेरे थाने में कोई समस्या नहीं है! तो कभी-कभी उच्च नेतृत्व के साथ थाने जाने का आह्वान!

गांव में किसी की बाइक मारकर थाने जाएं मैं नेतृत्व के साथ संवाद करता हूं ... वे बड़े बाबू से बात करते हैं, हम बाहर

बैठकर इंतजार करते हैं ....

उनका सार कुछ इस प्रकार है, चाहे आप किसी भी पार्टी का नेतृत्व करें, बड़े बाबू सफ निदान, मैं जल्द ही आपको बाल भेजूंगा! और आप उन्हें ऐसे हजान-हजाबो बटारा में देखेंगे हड्डियाँ! अगर आप दूसरी पार्टी का नेतृत्व करते हैं, तो वही दवा है....

हालाँकि, उस समय पुलिस प्रशासन उतना नपुंसक नहीं था जितना अब है - एक आँख भी नहीं! मेरा मतलब गुलाम नहीं बन गया! वाम मोर्चा सरकार ने जो कुछ भी किया, उसने प्रशासन को बहुत मजबूत रखा। तो दोनों बहुत चिढ़ जाते थे - दिन हो या रात!

एक बार की बात है रेड पार्टी के कुछ लोग किनारे पर तंबू गाड़ रहे थे - गुप्त सूत्र से सूचना पाकर जब पुलिस वहां गई तो सभी भाग गए - लेकिन पुलिस ने तंबू में आग लगा दी और सब कुछ नष्ट कर दिया !

गांव में पुरुषों की कमी के कारण घर के कुछ सामान की तलाशी ली जा रही थी.यह सब सुनकर कोर कमेटी ने कुछ लोगों को पानी से बचाने का फैसला किया! मेरा मतलब है, हर दिन कुछ गूसबंप कुछ टिफिन बनाते हैं और क्या ...

आखिर पुलिस नोटिस करेगी कि रात में कौन घर में घुसता है!

इस समिति में कौन होगा, इस पर बहस का कोई अंत नहीं है, लेकिन किसी को भी - नहीं - किसी को भी इस तरह से जारी रखने की अनुमति नहीं दी जानी चाहिए!

यह काम नहीं किया, इसके विपरीत, चावल और दालें पहले चोरी हो रही थीं। इसके अलावा, कुछ मुर्गियां और बकरियां चोरी हो गई हैं ...

यह इतना नहीं है ... यह बहुत दुखद है - हिंसा के बदले बदला! लोग घरों में खेतों में दिन बिता रहे हैं! इस बीच, बारिश आती है और जाती है - लिटिल ट्रिपल बारिश का पानी नहीं मान रहा है! आलसी है कजाकम्मो - ऐसे ही चलता रहा तो कई लोगों को सड़क पर बैठना पड़ेगा!

धान के डेढ़ मन का तो सवाल ही नहीं था - एक गोले में पच्चीस मन धान का होना चाहिए! एक या दो लोगों के लिए इसे लूटना संभव नहीं है - कई लोग अनुमान लगा सकते हैं कि यह कौन कर रहा है!

मैं अनुमान लगा सकता हूं कि इसे किसने गुप्त रूप से किया... लेकिन सार्वजनिक रूप से नहीं! एक दिन मैं कोर

कमेटी की बैठक में उपस्थित था - जब उस दिन बात उठी - मैंने कहा कि जो हुआ है वह बहुत बुरी बात है - किताब दिन-ब-दिन बढ़ेगी नहीं घटेगी! वैसे भी बंद होना चाहिए!

समिति के कुछ सदस्यों ने मेरा समर्थन किया! नेतृत्व ने कहा कि जो हुआ वह हमारी ओर से फिर कभी नहीं होगा! मैंने यह वादा किया था - मैंने कहा ऐसा ही हो!

लूट की खबर सुनते ही परिजन के घर पर अकेले ही आने लगे!

तब से लूटपाट बंद है...

इस बीच, पुलिस भीड़ में घूम रही है - पच्चीस दिन बीत चुके हैं और किसी को गिरफ्तार नहीं किया गया है! अगर आप किसी को गिरफ्तार नहीं कर सकते, तो आप केस को कोर्ट में नहीं ले जा सकते! इसके अलावा, असली सच्चाई सामने नहीं आएगी! तो बढ़ी पुलिस की गश्त- आस-पास के गांवों में छापेमारी...

एक रात ढाई बजे होंगे मैं एक बड़े कुत्ते की चीख से उठा और बैठ गया। मेरे मन में कोई शक नहीं था कि पुलिस आ गई है... और आज पुलिस किसी न किसी को गिरफ्तार कर लेगी - सभी आठ घाट - सभी समाचार - सभी समाचार जानकर लोग आए! हमें लगता है कि हम यहां से भाग जाएंगे? कहाँ जाना है

या कब जाना है?

इतनी देर तक पुलिस ने आकर घर को घेरा नहीं - इसका क्या मतलब है? हर कोई यहां पार्टी का नेतृत्व करने के लिए है! हो सकता है पुलिस को इसकी खबर पहले ही मिल गई हो। किसी के मुंह से शब्द नहीं निकल रहे- हाथ-पैर खड़े हैं! आपकी सांस पकड़ने में थोड़ा समय लगा ... इस बीच रोशनी चमकती है और कुत्ता जोर से और जोर से भौंकता है!

कितने खेतों को पार किया और अगले गाँव की सीमा पर एक घर की छत पर! अगर आप वहां पहुंचना चाहते हैं तो आपको कम से कम 15 मिनट के लिए कीचड़ तोड़ना होगा - क्या पुलिस का आना संभव है? लेकिन अगर यह फिर से चुपके से आ जाए, तो किसी का ध्यान नहीं जाएगा!

थोड़ी देर बाद सभी को लगा कि पुलिस यहाँ नहीं आई है! बहुत समय हो गया हम सभी को निश्चित रूप से गिरफ्तार किया जाएगा! तो निर्णय - चलो यहाँ से आंदोलन का निरीक्षण करें! आ गया तो बच निकलने का समय मिल जाएगा! अब कहाँ जाना है - यदि नहीं हाथ में पकड़ने जा रहे हैं? इसलिए हमने चुपचाप छत से स्थिति को देखा!

इस तरह एक-डेढ़ घंटे बिताने के बाद, चारों ओर कितना शांत! कुत्ता भौंक कर रुक गया! मुझे और कुछ समझ नहीं आता... मैं समझता हूँ कि पुलिस जा चुकी है!

आइए इस यात्रा से बचें - मुझे थोड़ी राहत मिली है!
लेकिन मेरे मन में यह शंका है कि आज कोई पकड़ा गया होगा! खेत में पानी ज्यादा होने के कारण कोई किनारे पर नहीं रह सकता! तो हर कोई आजकल आसपास के गांवों में घूम रहा है!

भोर के कुछ ही समय बाद, मैंने खबर सुनी कि "सदानंद मंडल" नामक ग्रीन पार्टी के एक सामान्य कार्यकर्ता को गिरफ्तार कर लिया गया है!

पता चला कि दो-तीन लोग बिना सीढ़ियों के छत पर बांस की सीढ़ी पर कुछ दिन रुकते थे-आज बल्लेबाज छत पर सीढ़ी चढ़ना भूल गए! सीढ़ी चढ़कर पुलिस ने किया गिरफ्तार-कूदकर दो और लोगों की जान बचाई!

जब उच्च नेतृत्व में थाने गए तो जमानत नहीं दी - दो-चार दिन के लिए छोड़ दिया... जमानत के दिन दोनों पक्षों ने जितना पढ़ा, वकील को पकड़ लिया और जमानत ले ली! आइए पुलिस के हमले को रोकें! अब घर में कौन रह सकता है?

लेकिन न अधिक तनाव और न ही अधिक अशांति! हालांकि, पुलिस ने दोनों पक्षों को बार-बार याद दिलाया है कि यह उल्टा होगा।

चलो बाप को छोड़ो और बचाओ - आम लोग भी अमानवीय झुंझलाहट से बचे - दर्द से !

अहा आकाश में हवा में क्या आनंद है ...

मैं पार्टी कार्यकर्ताओं के जमानत पर आने के बाद उस दिन बाहर नहीं गया था! आइए एक महीना इस क्षेत्र में बिताएं और ढेर सारा अनुभव और बचत करें! मेरे ज़ख्मों पर नमक मलने की बात करो - डी'ओह! मैंने लंबे समय से अच्छा नहीं खाया है - मैं सोया नहीं हूँ। चलो आज थोड़ा बेहतर खाते हैं ...

रात में हम कुछ मांस लाए और उसे पकाकर सब एक साथ खा लिया - ऐसा लग रहा था कि एक दशक बाद - तो हम सभी ने संतोष के साथ खाया! फिर मैं रात भर अपने कमरे में सोता रहा....

कजाकम्मो को खोजने के लिए अब आपको सामान्य जीवन में वापस आना होगा! पत्नी को लंबे समय से अच्छा डॉक्टर नहीं दिखाया गया है। बहुत सारा कार्य।

ये है ग्रामीण राजनीति... कुछ लोगों की लापरवाही का नतीजा है कि गांव के पवित्र लोगों का जीवन तनावपूर्ण है!

मामला ज्यादा नहीं चला, दोनों पक्षों के नेताओं के नाम सामने आए तो कुछ देर बाद दोनों पक्षों ने आपसी सहमति से मामले को सुलझा लिया.आम लोगों ने ध्यान नहीं दिया. "राजा राजा से लड़ता है, उलुखगरा मर जाता है"

क्या यह घटना इस वाक्य की सच्चाई को साबित नहीं करती? यहाँ एक और कहावत सच हुई -

यानी "किसी की हार, किसी की पौष मास।" इस घटना के बाद गांव में किसी उड़ने वाले नेता का जन्म हुआ... गांव के लोगों की बदहाली देख पार्टी के शीर्ष नेतृत्व ने किसी अनुदान से कम नहीं दिया. किसी ने परवाह नहीं की...इन हाथों से पैसे खर्च करने वालों ने बाजी मार ली - पार्टी में रहने की तमन्ना समझी!

इसलिए वे कालीन हथियाना चाहते थे! उन्होंने पार्टी में अलग-अलग पदों पर रहने की इच्छा व्यक्त की - फिर भी ... धीरे-धीरे पार्टी कार्यकर्ताओं की वास्तविक संख्या घटने लगी!

इसके अलावा, अच्छे और बुरे को देखते हुए, कुछ सामान्य कार्यकर्ता और गाँव के कुछ लोग उनसे दूर हो गए!

गांव के दो हिस्सों पर ग्रीन पार्टी का कब्जा था और तब से मतदाताओं की संख्या में गिरावट आ रही है। "कार्रवाई के परिणाम के रूप में"

# अध्याय आठवीं

समय एक अजब मरहम की तरह होता है..एक बार टूटे दिल का जलता हुआ दर्द मिट जाता है - लोग जो करते हैं उस पर ध्यान देते हैं....

सातवाँ दा अब दलाली पर उतर आया है - एक बड़े मरियारी व्यापारी का एजेंट बन गया है! इसमें क्या है?  कोई भी काम छोटा नहीं होता - कोई भी काम बहुत बुरा नहीं होता - लोगों को अपने पेट से कितना भी लेना-देना हो!  लेकिन अगर कर्म और धर्म दोनों सही हैं!

कुछ दिन पहले साइकिल से दोमजुर जाया करते थे- अब समरेश को यह साफ हो गया कि वह क्या करता था! उसने बहुत समय पहले दलाली करना शुरू किया था लेकिन व्यापार इतना अच्छा नहीं था अब जमने लगा है!

तो पार्टी के वफादार लोग दोस्तों और रिश्तेदारों को समझाने लगे कि जमीन पच्चीस हजार से पचहत्तर - अस्सी

हजार रुपये में बीघा हो गई है! तो जमीन जोतने से कोई लाभ नहीं है - लेकिन अगर आप इसे बेचते हैं और बैंक में पैसा रखते हैं, तो आप इसे ब्याज के पैसे से खा सकते हैं! या अगर आप फिक्स्ड डिपॉजिट करते हैं, तो आप भविष्य में शादी कर सकते हैं या कुछ बड़ा!

इतना ही नहीं, अब कंपनी मौजूदा कीमत से लगभग तीन गुना ज्यादा भुगतान कर रही है... तो अगर कंपनी और जमीन नहीं लेती है या कंपनी की जरूरतें पूरी होती हैं! तब क्या होगा? क्या इसे बेचना बुद्धिमानी नहीं होगी?

सातवें दूल्हे का जिक्र नहीं हो सकता... दरअसल, सभी ने सुना है कि प्रति बीघा जमीन की कीमत आज तक पैंतीस हजार रुपये से ज्यादा नहीं है! अगर एक बीघा जमीन की कीमत पचहत्तर या अस्सी हजार रुपये है तो क्या नुकसान? क्या होगा अगर उसके बाद कीमत कम हो जाती है या कंपनी अब जमीन नहीं लेती है?

ऐसा सोचकर - पार्टी के प्रशंसक - सातवें दूल्हे के वफादार - वफादार लोग - दोस्त - मित्रवत रिश्तेदार - सभी ने मिलकर पिछले एक या दो साल में कंपनी को भगवान पुर मौजा की 25 से 30 प्रतिशत जमीन बेची है!

यह देखकर कि कुछ लोग थोड़ा सा ढिलाई कर रहे हैं, उन्हें विशेष रूप से घर बुलाकर विभिन्न प्रकार से समझाया जाता है ! इनिये-बिनिये कई किस्से सुनाते हैं... बेगतिक को देखते ही वह अंत में कहता है - अच्छा, चाचा, अगर आप उसे एक ही बार में तीन बीघा जमीन देते हैं - तो वह कंपनी को अस्सी हजार का भुगतान करने जा रहा है और मैं आपको दूंगा पूरे तीन लाख! पर वो किसी को बता नहीं सकता !

जल्दी ही आप से बात?

चाचा लालच में पड़ गए और थोड़ा असहाय होकर सिर हिलाया।

फिर जमीन की सही कीमत क्यों? आज तक कोई नहीं जानता!

मारवाड़ी सज्जन ने भगवानपुर और उसके आसपास कुछ मौजों के साथ एक विशाल परिसर का निर्माण किया है, जिसकी प्रसिद्धि अब लोगों के होठों पर है और भारत के नामों में से एक "ललोन कॉम्प्लेक्स" ....

कंपनी और एजेंट के साथ इस आशय का एक समझौता किया गया है कि ... एजेंट एक निश्चित कीमत पर कंपनी को जमीन सौंप देंगे - जिससे एजेंटों को पांच प्रतिशत कमीशन

मिलेगा! कंपनी कभी नहीं जानना चाहेगी कि एजेंट जमींदार को कितना भुगतान करेगा! और कंपनी जमींदार से सीधे जमीन नहीं लेगी - या लेगी! दूसरे शब्दों में, किसी एजेंट के बिना कंपनी को भूमि हस्तांतरित करना लगभग असंभव है! हमेशा की तरह पार्टी के कामों की उपेक्षा होने लगी है! पार्टी के वफादार कार्यकर्ताओं की जगह कुछ मांस के भूखे - स्वार्थी लोग सातवें दूल्हे के आसपास जमा हो गए हैं! जैसे भेड़िये या लकड़बग्घे शेरों के पीछे घूम रहे हों... कुछ बचा हुआ पाने की उम्मीद में!

और मोसाहेब गोशे के कुछ लोग घर और उसके आसपास से घिरे हुए हैं! जो सभी पापों या पुण्यों की गवाही देने के लिए दृढ़ हैं - कुछ इनाम पाने की आशा में - और भले ही उन्हें कुछ मिल जाए ....

इस एजेंट ने दो-तीन साल में सातवें दूल्हे को देखा, जब वे कंपनी को कीमत पर जमीन सौंप रहे थे - कंपनी उन्हें राख मिट्टी या कोयले की जलती हुई मिट्टी से भर देती है, एक निश्चित मात्रा में जगह आवंटित करती है और भूखंड बनाती है - फिर बेचती है लगभग दस गुना कीमत पर जमीन!

तो क्या किसानों से अपने नाम पर या किसी भरोसेमंद व्यक्ति के नाम पर सीधे कंपनी को दिए बिना जमीन नहीं

खरीदी जा सकती है? फिर कुछ समय बाद इसे सोने के दाम पर बेचा जाएगा!

लेकिन इतना पैसा आएगा कहां से? कुछ देर तक ऐसे ख्याल मेरे दिमाग में घूमते रहे...
फिर उन्होंने एक फैंसी तरीका खोजा -

लालची निगाहें छलकीं- उसने मन ही मन कहा, ठीक है, कल क्षेत्रीय कोर कमेटी में बोल उठेंगे!

लेकिन बहुत सावधान रहें - बाजार में बर्तन नहीं टूटना चाहिए ... कुछ चुनिंदा और वफादार लोग और कुछ पंचायत सदस्य चाहते हैं!

पिछले चार-पांच वर्षों में भगवनपुर मौजा और आसपास के मौजों के लोगों की आर्थिक संरचना भौगोलिक और प्राकृतिक वातावरण के साथ-साथ बदलने लगी है! लगभग आधी हो गई है खेत!

कुछ लोगों ने खेत बेचकर पक्के मकान बना लिए हैं! कुछ लोग उस पैसे को बैंक में रखकर ब्याज के पैसे पर अपना दिन बिता रहे हैं! मोटरसाइकिल कविता छड़ी!

सबसे बेदम खेती - दिहाड़ी मजदूर और बस में काम करने वाले किसानों को बांटे ! क्योंकि ज्यादातर जर्मींदारों ने अनजाने में ही किसानों को जमीन बेच दी है! कुछ बटाईदारों को एक चौथाई जमीन मिल गई... फिर किसी को नहीं मिली क्योंकि उनके पास शेयर रिकॉर्ड नहीं था! लेकिन पाने वालों की संख्या बहुत कम है!

खेती लोगों की मुख्य आर्थिक चिंता- उनकी दुनिया में उथल-पुथल... आपातकालीन कार्य की स्थिति बहुत खराब है - नियमित कार्य उपलब्ध नहीं है! विभिन्न सरकारी नीतियों के परिणामस्वरूप - विभिन्न प्रकार के टैंकों के अलावा, कई अन्य बिचौलिए या दलाल सामने आए हैं - इसलिए जैसे-जैसे दिन बीत रहे हैं, मजदूरी कम होती जा रही है!

उदाहरण के लिए, भगवानपुर गांव के एक बड़े ओस्तगारा नेपाल माखल द्वारा "मोर" नामक एक प्रसिद्ध डिजाइन, तीन-चार साल पहले मजदूरी पंद्रह सौ रुपये थी, अब यह एक हजार बारह सौ रुपये हो गई है! मजदूरी गिर गई है, लेकिन दैनिक जरूरतों की लागत लगभग दोगुनी हो गई है ... और यह बढ़ता रहता है - फिर कैसे जारी रखा जाए? साधारण मध्यम वर्ग और निम्न वर्ग के सिर पर हाथ! इस इंडस्ट्री ने लाया एक और अभिशाप...

भगवानपुर मौजा और आसपास के मौजों के लोगों के लिए एक और आर्थिक विकास तालाबों में मछली पकड़ना था! वह भी धीरे-धीरे बंद कर दिया गया है!

इसका कारण नव-औद्योगीकरण है।पर्यावरण के प्रदूषण के कारण, कोलकाता और उसके आसपास के उपनगरों के प्रदूषणकारी उद्योग और विभिन्न जानवरों और पक्षियों की हैचरी या पालना मोफसबल शहर में जाने के लिए मजबूर हो रहे हैं!

वे ऐसी जगह रहना चाहते हैं जहाँ कोई राष्ट्रीय राजमार्ग या चौड़ी सड़कें या चौड़े जलाशय न हों! तो आधी रात में बुलागर के पास बड़ी नहर के किनारे असंख्य गाय-भैंस की क्यारियाँ बिना किसी रोक-टोक के बनवाई गईं! फिर - गायों के झुंड - बकरी, भैंस - उन सभी बिस्तरों को पाला जाने लगा!

उन सभी बिस्तरों में पशुपालन के विभिन्न अपशिष्ट बड़ी नहर में गिरने लगे। चूंकि नहर गंगा से जुड़ी हुई थी, इसलिए कुछ ही दिनों में नहर का पानी टार की तरह काला हो गया! और नहर के पास का वातावरण दुर्गंधयुक्त हो गया... और मच्छर-मक्खी के स्वर्ग की तरह! और उनका वंश प्रकाश की गति से फैलने लगा! अचानक पानी को देखकर ऐसा लगा जैसे मधुमक्खी पहिए पर बैठी हो, उसका घनत्व!

भगवान पुर मौजा के आसपास का सारा वातावरण हो गया प्रदूषित! तरह-तरह की मच्छर जनित बीमारियाँ थीं....पर कोई भी राजनीतिक दल-प्रशासन या सरकार का कोई पक्ष भूखा नहीं रहा! कोई होगा या आंदोलन? कौन किसकी सुनेगा? तो स्थानीय लोगों को सभी फलों का आनंद लेना है!

नतीजा यह हुआ कि बरसात के मौसम में या किसी और समय गंगा के खारे पानी के साथ आने वाला झींगा मछली पूरी तरह से बंद हो गई! चिंराट दूर हैं, सींग-मगुर-कोई जैसे अत्यंत कठोर जोशीले और मछलियों की सारी ज़िंदगी संशय में थी..!

सभी मछलियाँ जादू के जादू में एक जैसी होती हैं विशाल क्षेत्र से तुरंत गायब हो गया! और जनता की बड़ी आमदनी का रास्ता पल भर में पूरी तरह बंद हो जाता है! किसे पड़ी है?

इसके अलावा, ललन कॉम्प्लेक्स भारी मात्रा में राख मिट्टी या कोयले की राख से भर गया था, जिससे बारिश के मौसम में बड़ी मात्रा में मिट्टी नहर में गिर गई थी।

अगर उद्योग नहीं चाहता कि लोगों को काम मिले तो समय के साथ तालमेल बिठाने के लिए और क्या किया जा सकता है!

जैसा कि कहा जाता है - "खेती हमारी नींव है और कला भविष्य है"! ए।  फिर यह संदेश राज्य की जनता के मुंह में घूम रहा है....

# अध्याय नौ

ऐसे समय में जब सभी आर्थिक दरवाजे बंद होने वाले थे, रेड पार्टी नेतृत्व ने एक नया रास्ता खोजा ...

उन्होंने क्या किया? उन्होंने किसानों या खेतों में मेहनत करने वाले लोगों को एकजुट करके "मजदूर संघ" नामक एक संगठन बनाया! फिर आंदोलन के माध्यम से ललन कांप्लेक्स में गिरती गधी की मिट्टी को धीरे-धीरे मिट्टी उतारने का अधिकार मिल गया...

हल्दिया में थर्मल पावर प्लांट से जो राख आती है, वह उस थर्मल पावर प्लांट की खदान से आती है और जहां कहीं जमीन गिरती है वहां यूनियन के मजदूर-जिम्मेदारी या भुनाने का अधिकार उन्हीं मजदूरों का होता है...

भगवानपुर मौजा में जन आंदोलन के परिणामस्वरूप हल्दिया यूनियन और भगवानपुर यूनियन के बीच एक समझौता हुआ कि वे एक अनुपात में कारों को उतारेंगे!

दूसरे शब्दों में यदि एक दिन में एक सौ इक्का-दुक्का मिट्टी के वाहन आते हैं, तो हल्दिया संघ पचास और भगवानपुर संघ पचास वाहन उतार सकेगा!

पहले सीमित संख्या में लोगों के साथ संघ शुरू हुआ - फिर काम कम था, अब काम धीरे-धीरे बढ़ रहा है, यानी वाहनों की संख्या बढ़ रही है ... अधिक भूमि अधिग्रहण के परिणामस्वरूप! हालांकि, अंत में दिन के दो या चार पैसे इस उम्मीद में दिखाते हैं कि यह उपलब्ध होगा!
काम का प्रकार या नियम क्या था?

इस संघ का कार्यालय बुलागढ़ में था.सुबह सात बजे सभी कार्यकर्ता संघ कार्यालय में आकर अपना नाम दर्ज कराएंगे. तो प्रत्येक कार्यकर्ता को कौन भेजेगा - कितने कार्यकर्ता? यह सोचकर उसने उन्हें उस साइट पर भेज दिया! एक टीम में दो या तीन लोग हुआ करते थे ... साइट पर जितना अधिक काम होता है - उतना ही कम टीम भेजी जाती है!

ताकि हर मजदूर की न्यूनतम मजदूरी दो से तीन सौ रुपये इस तरह हो!

मजदूर किनारे आएंगे और गाड़ी के आने का इंतजार करेंगे! फिर जब कीचड़ वाली गाड़ी आती है - हल्दिया के मजदूरों का

एक हिस्सा और उनका एक हिस्सा इस नियम के मुताबिक गाड़ी को उतारता रहेगा! और दिन के अंत में - संघ में जमा करने के लिए प्रति कार बीस रुपये - टीम में से कोई एक मौजूद रहेगा!

यह ठीक है ... लेकिन एक टीम को कार को उतारने में कितना समय लगता है?

ज्यादा नहीं - दो से ढाई घंटे से ज्यादा!
कितना या मजदूरी मिल सकती है?
300 रुपये प्रति कार!

तो एक कार्यकर्ता की औसत दैनिक आय क्या है?
मोटे तौर पर एक दिन चार होंगे - कुछ दिन पाँच या अधिक कारें! तो चलिए लगभग चार कारों को पकड़ते हैं! तीन-चार टोटल बार शो मनी... उस स्थिति में, जिस टीम में दो लोग थे, उसके छह शो होंगे ... और अपेक्षाकृत कमजोर टीम में, उनमें से तीन ने चार सौ रुपये कमाए होंगे!

उसमें से संघ के मुफ्त खाने-पीने का खर्चा प्रतिदिन एक सौ है...फिर किसी भी टीम के लिए 500 रुपये और किसी भी टीम के लिए 300 रुपये....

यह समाचार सुनकर लोगों ने धीरे-धीरे अपनी नौकरी छोड़ दी और समूहों में संघ में शामिल होने की इच्छा व्यक्त की।

लेकिन संघ में पंजीकरण कराना आसान नहीं था....

कहने की जरूरत नहीं है कि कुछ ही दिनों में कई किसान संघ में शामिल हो गए। यहां आखिरी रेड पार्टी के कार्यकर्ताओं को दी जाती है प्राथमिकता! लेकिन अगर दूसरी पार्टी से कोई शामिल होने को तैयार है, तो पहली शर्त यह है कि वह लाल पार्टी का कार्यकर्ता होना चाहिए! और संघ के सभी नियमों का पालन किया जाना चाहिए और इस आशय का एक बंधन दिया जाना चाहिए!

ग्रीन पार्टी के कई सदस्यों को कुछ शर्तों और बांडों के अनुपालन में अपना नाम लिखने के लिए मजबूर किया गया था। इसके अलावा, कई शिक्षित बेरोजगार युवा शामिल हुए - बिना नौकरी के!

संघ के सदस्यों की संख्या धीरे-धीरे बढ़ रही है। रेड पार्टी के सी, आईटी, यू के बड़े नेता आए और सभाएं और जुलूस निकालने लगे - इसके अलावा कुछ स्थानीय उड़ने वाले नेता पैदा हुए - जो संघ चलाते थे! वे धीरे-धीरे गर्व और अहंकार से जमीन पर नहीं गिरते!

जहां भी जुलूस या सभा होगी, वहां कार्यकर्ताओं को जरूर जाना चाहिए! ऐसा नहीं करने पर उन्हें दो या चार दिन या एक सप्ताह के लिए बिना किसी शुल्क के नौकरी से निकाल दिया जाएगा।

एक-एक करके पार्टी के बड़े-छोटे सभी स्थानीय नेताओं ने संघ समिति में अपना नाम लिखा! संघ के चारों ओर आर्थिक ज्वार बह रहा है...

बीस रुपये प्रति कार यानी अगर कारों की संख्या पांच-छह सौ है, तो मैंने विवाद के लिए पांच सौ लिए! तो वह हिसाब क्या है जो दस हजार दिनों में दस हजार हो जाता है - कम?

हाथ में उस पैसे के साथ, सभा-जुलूस के लिए लोगों की कमी नहीं थी - बैठक के लिए विशेष टिफिन - कार किराए पर नहीं - कुछ भी कमी नहीं थी!

आंदोलन के मरे हुए गिरोह में दिखाई दिया प्रतिबंध!

खेपू मलिक को बुलागर संघ का सचिव चुना गया है। कुली-कमर की टीम - स्थानीय दुकानदार उनका सम्मान करते हैं - उनका सम्मान करते हैं! उसकी अनुमति के बिना धीरे-धीरे हवा चली!

लगभग सभी स्थानीय नेता दिन भर अपने क्षेत्र छोड़कर भविष्य के सपने देखते हुए सारा दिन ट्रेड यूनियनों में बैठे रहे - इस बीच उनके अपने क्षेत्र धीरे-धीरे खाली हो गए!

तब उनका एक ही काम होता है मेहनतकश लोगों के साथ सभा जुलूस निकालकर पार्टी को पुनर्जीवित करना - पार्टी समर्थकों को नीचे तक उतरने में लंबा समय लगता है - वह समय 2007 या 2008 होगा ....

हालांकि भगवानपुर मौजा के पास मजदूर संघ बनाने के लिए आंदोलन किया जा सकता है, लेकिन राज्य में इस तरह से आंदोलन नहीं होने जा रहा है! इसके अलावा, अब जबकि स्थिति मेज पर बैठी है, कुछ भी नहीं किया जा सकता है! क्योंकि प्रदेश की जनता धीरे-धीरे इनसे दूर होती जा रही है। सीने में लड़ने के लिए अब बहुत कम कामरेड हैं!

जिले में जहां भी सभा-जुलूस होता है-संघ के कार्यकर्ताओं को जाना पड़ता है और जब वे वहां जाते हैं तो देखते हैं कि स्थानीय क्षेत्र का कोई कार्यकर्ता-कर्मचारी नहीं है! उन्हें ही सारा काम करना है, यानी वे कार्यकर्ता हैं और वे दर्शक हैं।

पर मुँह से कुछ नहीं कहा जा सकता, दोबारा न भी हो तो कड़ी सजा - एक हफ्ते या पन्द्रह दिन काम से निकाल दिया जाएगा! विभिन्न कारणों से श्रमिकों और निदेशक मंडल के

बीच दूरियां बढ़ने लगीं!

श्रमिक संघ चलाने वाले अच्छी साइटों को चुनते हैं - अपेक्षाकृत खराब साइटें, यानी वे साइटें जहां कम श्रमिकों को पढ़ाने के लिए कारें भेजी जाती थीं! आपस में शिकायतों का कोई अंत नहीं था!

लेकिन सभी अन्यायपूर्ण आरोपों का पालन करने के अलावा कोई रास्ता नहीं था! लेकिन यह लंबे समय तक नहीं चल सकता! इतिहास इसका अंतिम गवाह है....

देखते ही देखते कार्यकर्ता आक्रोशित होकर दहाड़ने लगे।

लालपति-श्रमिक संघ लंबे समय तक ... इन पर चर्चा हुई लेकिन फिलहाल भगवान पुर मौजा सबुज पार्टी के नेतृत्व में क्या खबर है? चलिए अब उस पर चलते हैं....

अगली क्षेत्रीय कोर कमेटी की बैठक में सातवें दूल्हे ने कुछ चुनिंदा लोगों के सामने अपनी योजनाओं के बारे में विस्तार से बताया!

योजना के बारे में सुनने के बाद ऐसा लगा मानो मौत से सभी डर गए हों! फिर सब शांत हुए और सोचने लगे- तर्क बुरा नहीं है, अगर अमल में लाया जा सकता है तो एक-दो साल

में "सूजी हुई उँगलियों वाला केले का पेड़"....

स्वेच्छा से मुख्यमंत्री पद की वापसी - खतरे में पार्टी के साथ रहना - बिना किसी विरोध के पार्टी के वफादार से पार्टी के उन्नत स्तर तक पहुंचना कोई मामूली बात नहीं है! भगवान तुल्य सातवें दूल्हे के बारे में कोर कमेटी क्या कह सकती है? फेंकना नहीं है?

इसके अलावा, यह कम या ज्यादा सभी को लाभ पहुंचाता है ... विपक्षी दल होने की बात तो दूर उनकी पार्टी के सभी सदस्य जो बहुत वफादार होते हैं उन्हें जरा सा भी संकेत नहीं मिलता! बहुत संभलकर कदम रखना है....

आश्चर्य है कि योजना क्या है?

बहुत ही सरल....कोई योजना नहीं - बैंक द्वारा प्रत्येक वर्ष क्षेत्र के माध्यम से दिए जाने वाले आर, आर, डी, पीआईआर-ऋण के नियम ... प्राप्तकर्ता को दिए जाने वाले धन का 50% माफ किया जाएगा और शेष बैंक में जमा राशि सहित 50% ब्याज होगा!

चूंकि इस क्षेत्र में सत्ता में पार्टी के अधिकांश सदस्यों को यह ऋण मिलता है ... इसलिए वे अपना सारा पैसा पार्टी के पैसे पर

खर्च करते हैं ... लगभग सभी बैंक में समय पर जमा नहीं करते हैं! इसलिए ज्यादातर पैसा बैंक में समय पर जमा नहीं होता है!

इसलिए कोर कमेटी ने फैसला किया कि उन सभी कर्जदारों को यह समझ लेना चाहिए कि अब से उन्हें नए नियमों के अनुसार जो भी पैसा मिलेगा, वह उन्हें मिलेगा - उन्हें पहले जितना आधा भुगतान नहीं करना है! असली कर्ज यह नहीं है कि कितना! अगर किसी को जानना है तो मेरा कहना है कि मौजूदा नियमों में से आधा मिलेगा, आधा बैंक में जमा होगा! बैंक ने यह नियम इसलिए पेश किया है क्योंकि पहले भी कई अवैतनिक ऋण हैं!

ब्यास केला फतेह .... और कोई बाधा नहीं होगी, क्या आपने कहा? सातवें दूल्हे ने कहा कमेटी के लिए...
उपस्थित सभी लोगों ने लगभग सर्वसम्मति से ठीक-ठीक कहा....

इसका मतलब यह है कि यदि प्रति वर्ष ऋणों की संख्या एक हजार है, तो वास्तविक मूल्य सोलह हजार है, इसका आधा आठ हजार है!

आठ हजार को एक हजार से कितना गुणा किया जाता है? अस्सी लाख.....

कि इस खाते में किसी विश्वसनीय व्यक्ति के नाम से अस्सी लाख रुपये जमा होंगे और बैंक ऋण समय पर चुकाया जाएगा!

ऐसा तब है? वह सांप जो मर गया - और छड़ी को नहीं तोड़ा - आप क्या कहते हैं?

फिर एक स्वर में बोला बिल्कुल सही....
उस पैसे का क्या होगा?

एक लाख की दर से जमीन खरीदोगे तो पचहत्तर से अस्सी बीघा जमीन होगी! फिर एक-दो साल बाद भी कीमत कम से कम तीन-चार लाख प्रति बीघा होगी.... मैं सातवें का वादा करता हूँ!

उनमें से एक ने कहा लेकिन....

अरे मिस्टर, लेकिन क्या?

लेकिन मुझे लगता है कि बैंक मैनेजर हमें पैसे देगा, क्यों? वह ग्राहक को भुगतान करेगा ...

मैं यह सब दूंगा ... मैं इसका ख्याल रखूंगा, इसका मतलब है कि मुझे कुछ कमीशन छोड़ना होगा - क्या आप समझते हैं?

सज्जन चुप हो गए क्योंकि वह समझ गए थे!

यूनियन बैंक के मैनेजर का हाल ही में सातवें बेरेब के साथ बड़ा धर्म-महराम चल रहा है... क्योंकि इस क्षेत्र में बिक रही सारी जमीन सातवें दूल्हे के हाथ से उस बैंक में जमा हो रही है! कारण यह है कि कम पढ़े-लिखे या अशिक्षित किसान उन पर विश्वास करते हैं और अपने हाथों से अलग-अलग जमा में सारा पैसा जमा कर रहे हैं! यह कुछ सौ करोड़ से अधिक हो गया है! कई काले लेन-देन से भी संबंध है।

तो प्रबंधक सातवें दूल्हे को श्रद्धांजलि देता है ... जब वह दिखाई दे तो अपनी कुर्सी छोड़ने में संकोच न करें! क्या आप कल्पना कर सकते हैं कि प्रबंधक इस समझौते से सहमत नहीं होगा! ऐसा नहीं लगता....?

पानी के गुपचुप तरीके से उस पैसे से किसानों से अपने नाम पर ज़मीन ख़रीदने लगे! फिर एक-दो साल बाद उसने कंपनी को सोने के दाम पर बेच दिया! तो कंपनी का क्या नुकसान है?

बिल्कुल भी नहीं। क्योंकि तब मांग "ललन कॉम्प्लेक्स" के चरम पर पहुंच गई है, छोटे-बड़े-मध्यम उद्योग कुछ जमीन पाने की उम्मीद में उनके दरवाजे पर आ गए हैं!

एजेंट और कंपनियां एक दूसरे के पूरक हैं ... अन्यथा कोई बड़ा व्यवसाय नहीं होगा, कोई बड़ा व्यवसाय नहीं होगा, उद्योगपति नहीं होंगे, उद्योगपति नहीं होंगे, राज्य नहीं होगा! श्रेष्ठ नहीं तो पूरे देश को गद्दी से नहीं उतारा जा सकता...

आजकल यही चलन है...

क्या बोलता ...?

# अध्याय दस

लेकिन सच तो यह है कि सुलगती आग एक न एक दिन सामने आएगी... चंद वर्षों के सातवें दूल्हे का प्रसिद्ध चौपहिया वाहन एक विशाल घर है - और पंचायत कर समिति के सदस्य और केले का पेड़ सचमुच खिल गया!

सातवां दूल्हा खुद अब पड़ोस में घूम रहा है या किसी को जमीन बेचने के लिए बुला रहा है!  उसके कुछ सीगल पहले ही बन चुके हैं - और उनके पास देने के लिए बहुत कुछ है!  उन्हें भी बहुत काम करना है - जैसे गुरु शिष्य होता है.... भाषण चालाक और झूठ - गोवर्धन मंडल - नित्यानंद पाजा - सनातन बार - संजीत बार कितने लोगों का नाम लूंगा।

बाएँ-से-दाएँ-आगे-पीछे व्यापार बिल्कुल जमे हुए लेटेक्स है!

इसी बीच महिला सदस्य सुषमा मकल और सातवें दूल्हे की पंचायत के काम में असहमति होने लगी है!  क्या होता है अगर आप एक महिला हैं - उसे कुछ पुरुषों के शब्दों में उठना

और बैठना है!

उनके पति और एक जमीन के दलाल - लंबे समय से इस लाइन में हैं, लेकिन सातवें की तरह व्यवसाय स्थापित नहीं कर सकते - विभिन्न कारणों से! साथ ही एक महिला सदस्य के सिर पर कटहल फोड़ने के लिए कुछ स्वार्थी लोग जमा हो गए हैं- उनमें से एक हैं भांटू हुडाटी....

यह मतभेद धीरे-धीरे सामूहिक झगड़े में बदल जाता है... क्या हुआ अगर अभी तक सातवें दूल्हे भगवान शुद्ध की बात करने की स्थिति नहीं आई है- हर तरफ अपनी जोड़ी को मिलाने का बोझ... प्रजा का विश्वास - विषय की बुद्धि में - वाणी की चतुराई अब उसके ऊपर है जो करोड़ों रुपए का स्वामी है जिसे करोडपति कहते हैं !

आम लोग हैरत में- पंचायत से जुड़ा कोई काम करना है तो सुषमा के पास सातवीं--सप्तम में जाते ही सुषमा के पास जाओ! लोग एक दूसरे के चरणों में फुटबॉल खेलने लगे! लोग जमीन बेच रहे हैं या विभिन्न लुभावने जालों को देने के लिए मजबूर किया जा रहा है! कुछ देर हंसने के बाद घर चला ही रहा था कि रामबाबू ने दीघा की जमीन के लिए 3 लाख रुपये दे दिए हैं लेकिन दो महीने पहले ही उसने मेरी जमीन 2 लाख रुपये ही ली थी !!!

दो महीने में उसके तीन लाख रुपये का नुकसान हुआ... फिर सिर पर हाथ रख रोने लगा! उसने धोखा-धोखा-धोखा-धोखा-धोखा नहीं किया, लेकिन कौन सुनता है! यह घटना अब दिनचर्या का विषय बन गई है!

कौन किसकी सुनेगा, किसका दुख उठाएगा? लगभग हर कोई पीड़ित है - हर बार जब आप अगले दिन भूमि अधिग्रहण के बारे में सुनते हैं, तो कीमत अलग होती है!

साधारण लोग अत्यावश्यक काम करके खाते हैं - अगर किसी को थोड़ी सी जमीन मिल जाए, तो वे धान की अधिक मात्रा के साथ हिस्से की खेती करते हैं! लेकिन अब ज्यादातर लोग राख फेंकने के काम में लग गए हैं!

एक बार जब आपको इसकी आदत हो जाए तो यह एक आसान काम है - सुबह सात बजे बरमुंडा पैंट में हर कोई, अपने कंधों पर फावड़ा लेकर, समूहों में ... समूहों में ... समूहों में चला जाता है ... .

मुटिया कार्यालय में पंजीकरण के बाद और साइट पर एक-दो कारों को उतारने के बाद - सामने किसी भी दुकान में टिफिन सारा! फिर फिर, अगर कार आने में देर हो जाती है तो कार के एक निश्चित स्थान को देखने की प्रतीक्षा करने से, हर कोई

एक छोटा कार्ड इकट्ठा करता है!

जब गाड़ी फिर आये तो नियमानुसार काम में शामिल हों - दोपहर के समय कैनाल-बिल ट्यूब कॉल में नहाने के बाद अपने सामने किसी भी होटल में चावल-मछली-मांस या सब्जी खाकर अपना पेट भर लें! फिर किसी पेड़ की छांव में विश्राम करें.....

फिर, अगर दो कारें हैं या शाम हो गई है - मटिया कार्यालय को समझाकर घर वापस आ जाओ कि वे किस लायक हैं! 500-600 रुपये जेब में तो - पर्याप्त देखभाल और घर वापस मैच!
और नेतृत्व-

रेड पार्टी नेतृत्व पोएबरो यूनियन कार्यालय में दिन-रात इस बात पर चर्चा कर रहा है कि मृत गंगा में ज्वार कैसे लाया जाए, यानी पार्टी को कैसे जगाया जाए - बैठक में कुछ कार्यकर्ता कहां और कब ले जाएं - क्या आने-जाने की होगी व्यवस्था- क्या दिया जाएगा टिफिन? बैठक में शामिल होने वाले कार्यकर्ताओं की सूची...

और समय-समय पर चाय, पानी, खाना और हाजीर चोप-मुरी बेगुनी-प्याज-झालमुरी आदि... यहां कुछ स्थानीय नेताओं के घर होते हैं. यहां कई जिला स्तर के नेता जमीन काट रहे हैं...

और एक और वजह है. स्थानीय क्षेत्र में कोई उनकी बातों पर ध्यान क्यों नहीं देता है - लगता है किसी अदृश्य जादू ने अचानक अपनी दृष्टि बदल दी है ...

अचानक दिन आया और वे आ गए - उन्हें कोई नहीं मिला! और उन सभी साथियों ने अपने क्षेत्र में नेतृत्व की कमी के कारण पार्टी का नेतृत्व किया, आम लोगों का झुकाव हरे रंग की ओर था लेकिन उस दिशा में किसी के पास कोई विजन नहीं था! बुलागर मटिया संघ के साथियों के लिए मधुमक्खी बन गए और वे एक मधुमक्खी बन गए ...

लाल मोनी रॉय उनमें से एक हैं दिन-रात कॉमरेड जैसी कोई चीज नहीं होती। बातें नहीं! पार्टी नेतृत्व जानता है कि पार्टी क्या कर रही है - वह जिला समिति के सदस्य भी हैं।

एक बार की बात है लाल मोनी राय के गांव में पारिवारिक अशांति थी जिसके कारण मटिया यूनियन के कार्यकर्ताओं को सुरक्षा के लिए लेकिन बाहरी प्रवेश के लिए वहां भेजा जाना था। किसी तरह पुलिस का पीछा कर मजदूर बाल-बाल बचे... इस घटना से कार्यकर्ता आक्रोशित थे और लालमोनी रॉय की लोकप्रियता अब तक के सबसे निचले स्तर पर थी। यह उल्लेख नहीं है कि भगवानपुर गांव में रेड पार्टी का एक उभरता हुआ नेता सामने आया है और उसका नाम समीरन

मलिक है जो संगठन से भी जुड़ा हुआ है। उन्हें अग्रिम पंक्ति में और कुछ स्थानीय सभाओं और जुलूसों में बोलते हुए देखा जाता है हाथ कांपने लगे हैं।

उसे किसी भी तरह शिकायतों की नरम-गर्म कमी के दिनों से गुजरने दो ...

# अध्याय ग्यारह

इस बीच, जैसे-जैसे खेत कम होते जा रहे हैं, जमीन के दलाल झूठ और कुकर्मों के लिए बेताब नजर आ रहे हैं। आज जिधर देखो, संरक्षणवादी भावना का ज्वार बह रहा है।

जहां दलाल फायदा नहीं उठा पा रहे हैं इकलौते बेटे को बाप की जमीन बेचने में दलाली करने के लिए कहा जा रहा है..और कौवे ने जो पैसा लिया है उसकी भनक तक नहीं लगेगी!

लालच से चमक उठी लड़के की आंखें- कभी दो लाख रुपए एक साथ नगद देखा- कभी नहीं मिला! तो जब वह घर आता है, तो उसके पिता के साथ झगड़ा होता है और यहां तक कि दंगे भी हो जाते हैं - इस तरह की अशांति को कब तक बर्दाश्त किया जा सकता है और पिता को एक निश्चित कीमत पर जमीन बेचने के लिए मजबूर किया जाता है ... कुछ दिनों के लिए और चूंकि वह अकेला लड़का है - भविष्य में सब कुछ होगा!

फिर उसे समय पर वह पैसा मिल गया जिसके वह हकदार थे और अपने पिता के बैंक बैलेंस की चाबी भी - तो अब वह एक लंबा आदमी है, सातवें दूल्हे की खातिर आदमी - जोड़ी का आदमी - वह भी उससे जुड़ जाता है और बन जाता है दलाल- जुए के साथ-शराब-लड़की और अन्य शरारतें।।

उसी तरह एक भाई दूसरे भाई को अपनी पैतृक संपत्ति या जमीन संयुक्त परिवार में बेचने के लिए प्रलोभित करता है। कहा जाता है - घर में खेती करनी है या नहीं - क्या होगा - और हम कब तक साथ रहेंगे? अब जमीन की अच्छी कीमत मिल रही है - मैं वादा करता हूं कि आप दूसरे भाइयों को विश्वास दिलाएंगे कि आपको प्रति कथा पचास हजार से अधिक मिलेगा ...

इसका मतलब यह हुआ कि अगर उसके अपने हिस्से की संपत्ति का दस, पांच लाख रुपये ज्यादा काटा जाता है! और भाइयों को उससे पांच लाख कम मिलेगा - यह कैसी खुशी है। वह भी इसी तरह घर में आया और भाइयों को समझाने लगा, लेकिन नहीं समझे तो उन्हें परेशान करता है और कहता है, "अपनी जमीन रख, मैं अपना हिस्सा बेच रहा हूं!" अन्य भाइयों के लिए एक साथ सोचना और बेचना बेहतर है, इसलिए वे बेचते हैं!

जिस भाई को दलाली के जरिए पांच लाख रुपये से ज्यादा मिले लेकिन क्या सच में ज्यादा है? क्या वह असली जमीन की कीमत जानता है? यदि आप सब्र रखते तो क्या कुछ लाख और पाना संभव नहीं होता? भाइयों की पिटाई नहीं होती और धर्म की रक्षा होती!

पहली किश्त में पांच लाख दलाल-आनंद के पास अब नहीं-तो अब है सातवें दूल्हे का खास दोस्त- वह भी धीरे-धीरे असली धोखेबाज और दलाल बन गया!

इस तरह जिस व्यक्ति ने थोड़ी सी जमीन बेच दी है, वह खुद या उनमें से एक घर का दलाल बन गया है।
लेकिन यह बिलकुल भी नहीं है।

खैर, आज लोग जानवरों से भी बदतर होने जा रहे हैं? यह जानवरों से कम और नीचा होता जा रहा है... मानव व्यवहार और सामाजिक गतिविधियों को देखकर ऐसा लगता है...
जानवर के पास हिंसा होती है लेकिन वह इसका इस्तेमाल अपनी जान बचाने के लिए या भोजन की तलाश में करता है...!

मनुसातो सर्वशक्तिमान - फिर क्या होगा? वह काम, क्रोध, लोभ, मोह, शराब और मछली से घिरा हुआ है। और इन छह रिपुरों में सबसे घातक है लालच! और इसी लोभ के कारण

मनुष्य अपनी मानवता-विश्वास-सारा निर्णय, अपनी सारी गरिमा को पल भर में धूल में मिला देता है!

संसार की प्रत्येक वस्तु अपने लोभ का ताला निगलना चाहती है।

अनन्या मंडल ग्रीन पार्टी की फैन के रूप में जानी जाती हैं, और सातवें दूल्हे ने जीवन भर के लिए आस्था की आंखें देखी हैं!

उसके तीन बेटे एक या दो बेटियाँ लगते हैं! उसने कड़ी मेहनत की और रहने के लिए जगह खरीदी।

एक बार उनके ही पुत्रों में झगड़ा हो गया और वे क्रोधित हो उठे और बोले- ठीक है, अगर तुम ऐसा करोगे तो मैं अपनी जमीन बेच दूंगा और उस पैसे से खाऊंगा - मैं सातवें दूल्हे के पास गया ...

उसके पास दो-तीन बीघा दलदली जमीन थी।उसने अपने कागजात और दस्तावेजों के साथ सातवें दूल्हे को सारी जानकारी बता दी। सातवीं कहानी सुनने के बाद उन्होंने कहा, "मैं समझता हूं, कोई चिंता नहीं, चाचा ..."

तुम सकुशल घर जाओ चाचा... और जब कागजी कार्रवाई के साथ जाना हो तो कोई दिक्कत नहीं होगी - आनंद ने कहा, "ठीक है बाबू, ऐसा ही हो!"

दलालों के बीच यह अफवाह थी कि अनन्या बाबू ने जमीन बेच दी है - दो दिन बाद बड़े बेटे तक खबर पहुंच गई।

बड़ा बेटा घर जाता है और अपने पिता से पूछता है - पिताजी, क्या आपने तीन बीघा जमीन बेची है - सातवें दूल्हे को अनन्या बाबू  सिर पर हाथ - सांस की तकलीफ 7 तारीख को वह दौड़कर घर आया और बोला, "यह मुझे दे दो, बाबू, अब मुझे मेरे दस्तावेज लौटा दो!"

सातवां, किस तरह के दस्तावेज आसमान से गिरते हैं? कल से एक दिन पहले मैंने तुम्हें अपनी जमीन के काम दिए ...

और वह कंपनी के घर में जमा है - अगर आप ऐसा कहते हैं, तो मैं सारी जमीन बेच दूंगा - मैंने सारे दस्तावेज तैयार कर लिए हैं, अपने दस्तावेजों को मत देखो - अगले दिन रजिस्ट्री तैयार है!

बादलों के बिना बिजली की तरह ... वह दौड़कर घर वापस आया और लड़कों को सारी बात बताई।

अन्नन्याबाबू रो रहे हैं - लड़के और सातवें दूल्हे के बीच झगड़ा शुरू हो गया - अन्य लोग लड़कों से सहमत थे - लेकिन गवाहों की कोई कमी नहीं थी - नित्य नंदा पांजा - गौर मंडल - संजीत बार जैसे कई दलाल - लगभग सभी ने एक स्वर में कहा कि जिस दिन वे पहुंचे, वे उपस्थित थे।उन्होंने अपनी आंखों से देखा और सुना कि अनन्या बाबू ने अपनी जमीन बेचने की अनुमति से कागज पर एक टिप प्रिंट दिया था और पांच हजार रुपये नकद ले लिए थे!

अनन्या बाबू के बच्चों और उनके साथ गए सभी लोगों ने सातवां नया दस्तावेज़ और परमिट दिखाया - यह देखकर कि उनके साथ गए लोगों को जवाब नहीं देना पड़ा!

सातवां, वह बहुत परेशान था और उसने सभी से कहा, "मैंने दस्तावेज किया है कि तुम्हारे पिता ने अनुमति दी है।"
क्या आपको लगता है कि मैं धोखा दे रहा हूं? और अब तुम परेशान करने के लिए घर आए हो? आप जानते हैं कि मैं आप पर मानहानि का मुकदमा कर सकता हूं!

लड़कों ने कुछ पक्षपातपूर्ण मताबरों को सारी जानकारी बता दी।माताबारों ने विवरण सुनकर अपना सिर खुजलाया और मातबारों ने उनसे कहा- और क्या किया जा सकता है, कागज तैयार होने पर बेचा जाना है! हर कोई लोमडी है, तो सभी

लोमडी एक जैसे होंगे - है ना?

उस समय बाजार मूल्य शायद साढ़े तीन लाख चार लाख प्रति कथा होगा - लेकिन उनकी कीमत केवल तीन लाख प्रति कथा थी - कुल भूमि में एक करोड़ रुपये से भी कम।

जो अद्वितीय बाबू के पूरे परिवार के लिए काम करना और जीविकोपार्जन करना लगभग असंभव है!

उत्फुल्ल माखल अनन्या बाबू की तरह एक समर्पित पति भक्त हैं और उनके अनुसार भगवानपुर गांव में सप्तंबरा जैसे लोग नहीं हैं! यह प्राचीन काल से ही ऐसा ही रहा है जब ब्लू पार्टी के प्रशंसक नीले से हरे रंग में परिवर्तित हो गए थे!

वह एक शांत और विनम्र व्यक्ति है, लेकिन अगर वह एक गिलास चोलाई खाकर किसी अन्य व्यक्ति या विपक्षी दल के खिलाफ फेंकता है, तो वह उस व्यक्ति या विपक्षी दल के समूह का अपमान के साथ अपमान करेगा। उनके चरित्र की संरचना ऐसी है!

एक दिन उस हंसमुख बाबू को सातवें दूल्हे के कार्यालय में बुलाया गया।

उत्फुल्ल बाबू समय से कार्यालय के सामने पहुँचे, द्वार पर मुँह उठाकर कहा, क्या तुमने मुझे बाबू कहा है?

अरे अंकल अंदर आ जाओ... संजीत को बैठने दो - कुर्सी से उठो और मेरे बगल वाली बेंच पर बैठो!
चाचा उस कुर्सी पर बैठो..

मेरा मतलब है, मुझे बस बेंच पर बैठना चाहिए था ...
क्या कभी ऐसा होता है? यह टी फ्लैक्स टी का अंत है - कक्कड़ के लिए चाय बिस्कुट के साथ।
थोड़ी देर बाद एक अच्छी चाय का प्याला और एक अच्छा बिस्किट आया।

अंकल, खाओ, फिर बात करेंगे...

उत्फुल्ला बाबू ने चाय की चुस्की लेते हुए कहा, तुमने मुझे क्यों बुलाया?

कुछ देर बाद सातवाँ कहने लगा- नहीं, मेरा मतलब चाचा, जमीन रखने से क्या फायदा?

सब कुछ ठीक है, बेबी, लेकिन अगर तुम खेती नहीं करोगे तो परिवार चलता रहेगा?

पैसे के लिए मैं अपनी जमीन कितने दिनों में बेचूंगा? वह घड़े का पानी है - एक दिन लुढ़कना खत्म हो जाएगा!
सप्तम की आँखों को चमकने दो -

यह सुनने के लिए वह कितनी देर से इंतज़ार कर रहा होगा - शायद कोई फर्क नहीं पड़ता। अंकल, मैं आपको एक बात अच्छी तरह से बता दूं - ध्यान से सुनो! कोई बात नहीं, अगर आप खेती की बात कर रहे हैं तो एक काम मत करो - मुझे अपने उत्तरी जल में दो बीघा जमीन दो और मैं तुम्हें दक्षिण के पानी में दो बीघा जमीन दूंगा और मैं उस पर कुछ पैसे दूंगा। क्या वह उस जमीन में धान की खेती करेगा? और जब तुम नहर से कहोगे, तो पानी ऊपर उठेगा?

ज़रूर-हाँ, ज़रूर उठेगा- संजीत को मत बताना कि तुम कौन हो चाचा, ज़मीन जानते हो -

हां अंकल मैं बहुत अच्छी जमीन जानता हूं... भुवन ने पिछली बार धान की खेती की थी ओकेक क्या आप पूछ सकते हैं कि धान कैसा था?

मैंने सुना संजीत अंकल ने क्या कहा! आप दुनिया से पूछ सकते हैं! तो और क्या किया जाएगा - कल एक बार जमीन देखने कौन जाएगा?

उत्फुल्ला ने यह नहीं बताया कि कितना पैसा मिल सकता है? खैर, इसमें कोई दिक्कत नहीं होगी, पहले आप जमीन को देखिए अगर आपको पसंद है तो? मुझे जल्दी करने की कोई बात नहीं है!

अगले दिन संजीत अपने साथ जमीन ले गया और अपने चाचा को दिखाया।बीघा जमीन के बदले दो बीघा जमीन और उसके ऊपर आपको पचास लाख रुपये नकद देना है ... उत्फुल्ला बाबू से अहलादे अतखाना -

आप सोच रहे होंगे कि खुश रहना जरूरी है क्योंकि जमीन के बदले जमीन पर अस्सी लाख बकाया हैं? हाँ अल जो मुझे बहुत बकवास लगता है, अल जैसा लगता है जो मुझे बहुत बकवास लगता है, अल जैसा दिखता है जो मुझे बहुत बकवास लगता है, अल जैसा लगता है जो मुझे बहुत बकवास लगता है, अल जैसा दिखता है जो मुझे बहुत बकवास लगता है, लगता है अल की तरह जो मुझे बहुत बकवास लगता है जानना चाहते हैं कि असली कहानी क्या है?

तो चलिए असली कहानी पर आते हैं।

जैसे-जैसे उत्तरी और दक्षिणी ध्रुव अलग-अलग होते हैं, वैसे-वैसे जमीन की कीमत में आसमान-ऊंचा अंतर होता है। नंबर

एक मौजा में भगवानपुर पड़ता है और उत्तर में जमीन और दूसरे नंबर के बाद दक्षिण में जमीन का पानी...

नंबर एक लालोन कॉम्प्लेक्स बनाने के लिए उत्तरी जल में भूमि की कीमत छलांग और सीमा से बढ़ रही है ...
लेकिन मौजा नंबर 2 स्थित साउथ जाला की जमीन में कोई उद्योग नहीं लगा है, इसलिए वहां की खेती योग्य जमीन आसानी से पांच लाख रुपए प्रति बीघा मिल सकती है...

उत्फुल्ला मखल भूमि जहां बहुत कम, लेकिन तीन लाख कथा होगी - दो-बीघा यानि चालीस कथा तो कीमत होगी एक करोड़ बीस लाख टका!

दो बीघा जमीन और जमीन के बदले पचास लाख नकद से आपका क्या मतलब है।  तो कुल खर्च साठ लाख रुपये है- और साठ लाख सातवें की जेब में...

पचास-पचास का लाभ जितना आसान!

तो, इन आँकड़ों से, आप समझ सकते हैं कि वेल्डिंग कारखाने में श्रमिकों के खातों को रखने के लिए - थोड़ा सा आठ पास लगता है।  लेकिन हमें यहीं रुकने की जरूरत नहीं है - हम और अधिक चाहते हैं - हम और अधिक जमीन चाहते हैं - हम और

अधिक दलाल चाहते हैं - हम और अधिक लोग चाहते हैं - हमें जितनी जल्दी हो सके जमीनों पर कब्जा करना होगा, फिर लाभ हैं ...

धीरे - धीरे ...

उपन्यास :- "परिवर्तन" अगला  दूसरे भाग में है...

www.ingramcontent.com/pod-product-compliance
Lightning Source LLC
LaVergne TN
LVHW041732190726

843493LV00008B/2318